AF313372

Vente du Jeudi 25 au Samedi 27 Novembre 1897

HOTEL DROUOT, SALLE N° 10.

ESTAMPES

ANCIENNES & MODERNES

Imprimées en noir et en couleur

ORNEMENTS

GRAVURES ENCADRÉES

LIVRES & RECUEILS

1897

Mᵉ MAURICE DELESTRE
COMMISSAIRE-PRISEUR
5, Rue Saint-Georges, 5

M. PAUL ROBLIN
MARCHAND D'ESTAMPES
65, Rue Saint-Lazare, 65

1897

CATALOGUE

D'ESTAMPES

ANCIENNES ET MODERNES

Principalement de l'École Française du XVIIIe siècle

PIÈCES IMPRIMÉES EN NOIR ET EN COULEUR

CARICATURES, MODES & COIFFURES
VIGNETTES, ORNEMENTS, PORTRAITS
GRAVURES ENCADRÉES
LIVRES & RECUEILS

DONT LA VENTE AUX ENCHÈRES PUBLIQUES AURA LIEU

HÔTEL DES COMMISSAIRES-PRISEURS, RUE DROUOT, N° 9

Salle N° 10

Du Jeudi 25 au Samedi 27 Novembre 1897

à deux heures précises.

Par le ministère de Me **MAURICE DELESTRE**, commissaire-priseur,
Rue Saint-Georges, N° 5

Assisté de M. **Paul ROBLIN**, marchand d'Estampes, rue Saint-Lazare, n° 65.

Paris — 1897.

CONDITIONS DE LA VENTE

La vente se fera au comptant.

Les acquéreurs paieront *cinq pour cent* en sus des enchères.

M. Paul ROBLIN, chargé de la direction de la vente, se réserve la faculté de rassembler ou de diviser les lots.

ORDRE DES VACATIONS

Jeudi 25 Novembre....	Livres et Recueils...	Nᵒˢ 746 à 787
—	Estampes.............	Nᵒˢ 1 à 222
Vendredi 26 Novembre	Estampes.............	Nᵒˢ 223 à 500
Samedi 27 Novembre	Estampes	Nᵒˢ 501 à 706
—	Pièces encadrées....	Nᵒˢ 707 à 745

DÉSIGNATION

ESTAMPES

ADAM (P.).

1 — Louis XVI faisant des aumônes pendant l'hiver de 1788, d'après Hersent. Très belle épreuve avant la lettre, sur papier de Chine, les noms des artistes tracés à la pointe et avec remarque, grandes marges.

ADRESSES

2 — *Baradelle*, ingénieur du roy pour les instruments de mathématique. *A l'Observatoire*, gravé par Roy. Belle épreuve.

3 — *Denon*, peintre. — *Verger*, graveur. Deux pièces.

4 — *Magny* (Le Sr), ingénieur pour l'horlogerie, dessiné et gravé par Eisen. Belle épreuve.

5 — Billets d'invitation, gravés par Bartolozzi. Quatre pièces.

6 — Adresses diverses, cartouches, factures, etc. Neuf pièces.

AGAR (J. S.)

7 — *Amelia* (Princesse), d'après une miniature de Ann. Mée. Belle épreuve sur papier de Chine.

ALIX (P. M.)

8 — *Charlotte Corday* (Marie-Anne), ovale in-4 en couleur. Belle épreuve.

9 — *Chalier*. — *Dessault*. — *Mably*. — *Malesherbes*. Quatre portraits en couleur, un est avant la lettre.

10 — La lanterne magique d'amour, gravé à la manière de lavis, d'après Schall. Belle épreuve.

ALLARD (Ch.)

11 — Le Goust. — L'Ouïe. — Le Toucher. Suite de trois pièces. Belles épreuves, marges.

AMÉRIQUE (Pièces sur l')

12 — John Malcom. — Mort du général de Montcalm. Trois pièces. Belles épreuves.

13 — Orage causé par l'impôt sur le thé en Amérique. Deux pièces, dont une gravée à la manière noire par Dixon. Bonnes épreuves, une est endommagée.

14 — *B. Francklin.* — *P. Jones.* — *Magellan.* — *Cook.* — *A. Vespuce.* — *Lafayette.* — *Ch. Colomb.* etc. Quinze portraits, plusieurs sont avant la lettre.

15 — *Lafayette.* — *Washington.* Vingt-cinq portraits, par Bonneville, Scheffer, Dequevauviller et autres, plusieurs sont en nombre et avant la lettre.

ANONYME

16 — *Desbrosses* (M. G.), actrice du Théâtre Italien. In-8 en couleur, marges.

17 — Jupiter et Junon. Superbe épreuve avant toutes lettres, marges.

18 — *Louis XVII?* Ovale in-8, belle épreuve avant toutes lettres, grandes marges.

ANSELIN

19 — Le premier homme et la première femme, d'après Le Barbier. Belle épreuve avant la lettre, marges.

AUBRY (d'après)

20 — La Bonté maternelle, par Blot. Belle épreuve.

AVRIL (J.-J.)

21 — *Brizard.* — *Ducis.* Deux portraits d'après Guiard. Belles épreuves.

AYCHMAYER (J. C.)

22 — Hamlet and his mother. — The last interview between Charlotte and Werter. Deux pièces d'après Hamilton et Ryley. Belles épreuves, une est en couleur.

BAILLIE (William)

23 — Portrait d'homme, d'après Fr. Hals. 1765, in-4. Très belle épreuve.

BALECHOU (J. J.)

24 — *Aved* (La femme du peintre). In-fol. Belle épreuve.

BALTARD

25 — La cour du Louvre. — Vue du Louvre côté du muséum. Deux pièces, une est avant la lettre.

BARTOLOZZI (Fr.)

26 — December, d'après Hamilton. Belle épreuve, marges.

27 — La famille Marlborough, in-8. Belle épreuve à l'eau-forte pure, marges.

28 — The Judgment of Paris. — Salvator mundi. — Vénus Sleeping. Quatre pièces dont une couleur.

BASAN, PORPORATI

29 — Le Pourboire employé. — Vénus qui caresse l'Amour. Deux pièces d'après Kraus et Battoni. Belles épreuves.

BASSET (A Paris chez)

30 — Vue perspective des réjouissances faites vis-à-vis la Place de Louis XV, pour la Paix. Épreuve coloriée à toutes marges.

BAUDOUIN (d'après P. A.)

31 — Le Curieux, par Maleuvre (E. B. 17). Belle épreuve, grandes marges.

32 — Le désir amoureux, par Mixelle (19). Très belle épreuve en couleur du 2e état, sans marges.

33 — L'Epouse indiscrète, par N. de Launay (21). Belle épreuve.

34 — La Nuit, par de Ghendt (35). Belle épreuve.

35 — La Toilette, par Ponce (48). Épreuve avant la lettre, petites marges.

36 — The detection. — Rural innocence. Deux pièces en couleur par R. Lowrie publiées par R. Sayer. Belles épreuves, rare.

BAUGNIET

37 — *Magnan* (Le M[al]), in-folio en pied. (Dédicace au Maréchal Clauzel).

BEAUVARLET (J. F.)

38 — La Confidence. — La Sultane. Deux pièces faisant pendants, d'après C. Vanloo. Belles épreuves, marges.

39 — La Sultane. (Portrait de Madame la M[ise] de Pompadour) d'après Vanloo. Très belle épreuve avant toutes lettres, marges.

40 — Conversation Espagnole, d'après Carle Vanloo. Très belle épreuve avant toutes lettres, petites marges.

41 — Histoire d'Esther. Suite de sept estampes d'après de Troy. Belles épreuves.

42 — Le Rendez-vous agréable, d'après Raoux. Très belle épreuve avant toutes lettres, marges.

43 — Télémaque dans l'Isle de Calypso. Belle épreuve avant toutes lettres, marges.

BÉLANGER (d'après)

44 — Rétablissement de la statue de Henri IV sur le Pont-neuf gravé par Baugean. Belle épreuve, marges.

BELLE (Etienne de la)

45 — Le Reposoir, in-folio en largeur. Belle épreuve.

46 — Ornament di Fregi et Fogliami. Suite de seize pièces, dont un titre. Belles épreuves, montées à la Glomy sur deux feuilles.

BENAZECH

47 — Les joueurs de boules, d'après Ad. Van Ostade. Belle épreuve avant la lettre, grandes marges.

BENJAMIN

48 — Panthéon Charivarique. Suite de quatre-vingt-dix portraits chargés, in-4, cart.

49 — Trente-quatre portraits de la même collection, in-4, cart.

BERTAUX (d'après)

50 — Le Charlatan Allemand, par Helman. Belle épreuve avant le dédicace, marges.

BERTHAULT, MARTINET, MONNET (d'après)

51 — Cartouche, vignettes et cul-de-lampe. Quatre pièces. Belles épreuves.

BERTHET (L.)

52 — Henri IV et la Belle Gabrielle, d'après Droyer. 1772. In-4, cadre orné. Belle épreuve avant la lettre, petites marges.

BERVIC (Cl.)

53 — L'Education d'Achille, d'après J.-B. Regnault. Belle épreuve, marges.

BLOT (M.)

54 — Monseigneur le Dauphin et Madame, Fille du Roi, d'après Madame Vigée Le Brun. Très belle épreuve, marges.

BOILLY (Louis)

55 — A la santé du Roi ! Lithographie in-fol. 1824. Très belle épreuve, marges.

BOILLY (d'après L.)

56 — Ça ira. — Honny soit qui mal y pense. — La pièce curieuse. Quatre pièces.

57 — Les Hommes se disputent. — Les femmes se battent. Deux pièces par Chaponnier, marges.

58 — Que n'y est-il encore, par Petit. Belle épreuve.

59 — Le Sommeil trompeur. — Le Réveil prémédité. — Ah ! comme il y viendra. Trois pièces par Wolff et Clavareau, marges.

60 — Les Grimaces. Vingt-trois pièces coloriées. Belles épreuves, grandes marges.

BOIZOT, GAILLARD, SCHMUTZER

61 — La Hollandaise à son clavecin. — L'Écureuil content. — Le Goûté flamand. Trois pièces d'après Metzu, Schenau et Tilborgh. Belles épreuves, marges.

BONNET (Louis)

62 — *Vanloo* (Melle). — *Vanloo* (le fils de C.). Deux portraits au crayon noir rehaussés de craie sur papier bleu. Belles épreuves.

BONNET (A Paris chez)

63 — Les Amusements de la campagne. — Le décrotteur et la marmotte. — La Marchande de chansons. — Le petit Espagnol. — La petite Sultane, etc. Sept pièces à la sanguine, d'après Le Clerc et Le Prince. Belles épreuves.

64 — La Dormeuse. — Le Repos de Diane. Deux pièces en couleur, belles épreuves.

65 — Histoire de Jeannot, quatre pièces coloriées.

BOREL (d'après A.)

66 — Il était temps, par Hemery. Belle épreuve à toutes marges.

67 — Le Faune séduit par les Plaisirs. — La Correction inutile. Deux pièces faisant pendants gravées par François. Belles épreuves imprimées en bistre, grandes marges.

BOSIO (d'après D.)

68 — Les Invisibles. Très belle épreuve en couleur, grandes marges.

69 — Le Coucher des Grisettes. — Le Lever des Grisettes. Deux pièces faisant pendants. Belles épreuves coloriées, à toutes marges.

BOSSE (Abraham)

70 — Les Éléments représentés par figures. Suite de quatre pièces. Épreuves à grandes marges.

BOUCHER (François)

71 — Les Buveurs de lait. — Le petit montreur de marmottes.
— Enfants endormis. Trois eaux-fortes originales, marges.

BOUCHER (d'après Fr.)

72 — L'Amour instruit par Mercure. — Vénus donnant du
Nectar à l'Amour. Deux pièces par Basan. Belles épreuves.

73 — Arion, par Pasquier. — Naissance et triomphe de
Vénus, par Daullé. Deux pièces. Belles épreuves.

74 — Cartouche orné avec les attributs de Mars, par Huquier.
Belle épreuve, grandes marges.

75 — Les Éléments, représentés par des Amours. Suite de
quatre pièces gravées par Duflos. Belles épreuves.

76 — Les Grâces au bain. — Les Nymphes au bain. —
L'aimable Florentine. — La jeune Barcelonnette. Quatre
pièces.

77 — Jeune femme en buste, la tête appuyée sur un coussin;
gravé par Polienilh. Belle épreuve, coloriée.

BOUNIEU (d'après)

78 — L'Amour fouetté avec des roses. Belle épreuve à l'eau-
forte pure, marges.

BOWYER (publ. by R.)

79 — Precipitate Flight of the French through Leipzig pursued
by the Allied Armies. — Waterloo. — Grand Entry of
the Allied Sovereigns into Leipsic. — Grand Entry of the
Allied Sovereigns into Paris. — Ceremony of Te Deum by
the Allied Armies on the square of Louis XV at Paris. —
The Battle of Waterloo. Suite de six pièces coloriées,
publiées de 1814 à 1816, en album.

BRACQUEMOND (F.)

80 — Un Buveur, d'après Al. Lafond. (H. B. 241). Deux
épreuves des 2e et 3e états. Grandes marges.

81 — *Langlois du Pont de L'Arche*. (H. B. 70). — *Meyer
Heine*, chef émailleur de la manufacture de Sèvres. (80).
2e État. — Paysages. — Ils s'en allaient dodelinant. —
Huit pièces. Belles épreuves.

82 — Margot. — Le Corbeau. — L'Etang. — Les Cigognes.
— L'Inconnu. — La Mort du Matamore. Neuf pièces à
l'eau-forte.

BRETON (A Paris, chez M')

83 — Et lui non. Belle épreuve en bistre, à toutes marges.

BROOKSHAW (R)

84 — Le Jugement de Pâris. 1778. Belle épreuve, gravée à
la manière de lavis, marges.

BRUNN (Isaac)

85 — Horloge Astronomique de la Cathédrale de Strasbourg,
d'après D. Wolckenstein. Belle épreuve.

BUNBURY (H)

86 — Bethnal Green. — The inflexible poster. Deux pièces
dont une coloriée, marges.

BURKE (Thomas)

87 — Cléopatra, adorning the Tomb of Mark Anthoni. In-folio
à la manière noire, d'après Angelica Kauffmann. Belle
épreuve, grandes marges.

88 — Télémachus at the court of Sparta, discover'd by his
grief on the mention of his Fathers sufferings. In-folio
à la manière noire, d'après Angelica Kauffmann. Très
belle épreuve, marges.

CALLOT (J.)

89 — Combat de Veillane, près de Turin, livré le 10 juillet
1630 (M. 509). Belle épreuve.

CARDON (H.)

90 — Hébé, d'après Villiers Huet. Belle épreuve.

CARESME (d'après)

91 — L'Innocence instruite par l'Amour, gravé à la manière
de lavis par Le Campion. Belle épreuve.

CARICATURES

92 — *Le Bon Genre.* Nᵒˢ 1, 2, 10, 43. Belles épreuves coloriées. Quatre pièces.

93 — *Le Bon Genre*. Treize pièces coloriées.

94 — *Musée grotesque*. Les Sens. Cinq pièces coloriées. Toutes marges.

95 — *Le suprême bon ton*. N°s 1, 3, 5, 11, 12, 16. Six pièces coloriées. Marges.

96 — Le doigt magique, ou le magnétisme animal. Pièce gravée à l'eau-forte. Rare.

97 — Les Nouveaux Grotesques — Bal dans un cirque — Le Café des Comédiens — Grand divertissement à machine au café de la Cabane des Perroquets — Intérieur de café. Cinq pièces coloriées.

98 — La Consultation — Le Contrat. Deux pièces coloriées d'après Cézaire. Belles épreuves.

99 — Caricatures sur la banque de Law. Deux pièces.

100 — Avant — Après. Deux pièces coloriées. Grandes marges.

101 — L'Arrivée. — Le Départ. — Milord Plumpudding avec Lady Arrhée. — Les Nouvellistes. — Curiosité parisienne. — L'Écarté. Six pièces coloriées.

102 — Encore un pour Sceaux. — Le désagrément des piétons dans Paris. — Le Biribi ou la Belle. — Tout le monde s'en mêle. Quatre pièces coloriées.

103 — Caricatures sur les Anglais. Huit pièces coloriées.

104 — Caricatures sur les Gastronomes. Quatre pièces coloriées.

105 — Le Colin-Maillard. — Le vent de bise. — Les époux du XVIIe siècle. — Le Docteur Gal...imatias, etc. Six pièces coloriées.

106 — Jeu des Quatre coins. — La famille française à Londres. — La mode en 1829. — Les décroteurs artistes. — Le choix du poisson. — Le Gastronome après dîner, etc. Huit pièces coloriées.

107 — Marrons rôtis, Marrons glacés. — Les piqueurs. — L'Auteur au Comité. — Le Kaleïdoscope. — L'Asinomane, etc. Six pièces coloriées.

108 — Le Départ. — Le Retour. — Eh !.... j'veux raisonner moi ! — Gouvernement paternel. — Lady Formité et

Fidèle en séance chez M. Crouton. — Etat de la nation anglaise. Sept pièces coloriées.

109 — Soirée du Luxembourg. — *Les Délices de l'Harmonie*, par Naudet. Deux pièces coloriées.

110 — La Vie d'un artiste. — Ce qu'on dit et ce qu'on pense. Quinze pièces par Scheffer et autres, épreuves coloriées.

111 — Les métiers de Paris. — Amourettes. — Compensations. — Esquisses Parisiennes par Philippon, Francis et autres. Douze pièces coloriées.

112 — Caricatures sur les théâtres et les journaux. Douze pièces en noir et coloriées.

113 — Caricatures sur la commune, la famille impériale, sujets militaires, etc., environ trois cents pièces.

CARINGTON-BOWLES

114 — A Country Carouzal. — High life below Stairs. Deux pièces en couleur.

115 — Intelligence on the change of the ministry. — Intelligence on the Peace. Deux pièces gravées à la manière noire. Belles épreuves.

CARMONTELLE (d'après L. C. de)

116 — La malheureuse famille Calas, par Delafosse. Belle épreuve à toutes marges.

117 — Femme assise et lisant. — Homme assis dans un fauteuil. — Abbé en soutane assis dans un fauteuil. Trois portraits in-folio. Belles épreuves avant la lettre.

CARRÉE (Ant.)

118 — *Chereau* (Jacques Fr.), graveur, d'ap. B. L. Prévost. Belle épreuve.

CATHELIN

119 — La nouvelle affligeante, d'après P. A. Wille fils. Très belle épreuve, grandes marges.

CHAILLIOU (F.), COUTELLIER

120 — *Ménier* (Joseph). — *Julien* (Mme). Abeilard écrivant à Héloïse. Quatre pièces en couleur.

CHAPONNIER (Alex.)

121 — Ce qui est bon à prendre est bon à garder, d'après J. B. Huet. Belle épreuve avant la lettre, toutes marges.

CHAPOULAUD (M. Jeanne)

122 — Etude de la danse, suite de douze pièces. Belles épreuves.

CHARDIN (d'après J. B. S.)

123 — L'Etude du dessin, par Flipart. — La Râtisseuse, par Lépicié. Deux pièces. Belles épreuves.

CHARON

124 — *Drouot.* — *Favier* (Le colonel). Deux portraits en couleur.

125 — Le Convoi des Pauvres. — Le Soldat laboureur. Deux pièces coloriées d'après Aubry, marges.

CHARPENTIER (d'après)

126 — L'Emplette inutile, par N. de Launay. Belle épreuve.

CHEREAU

127 — *Prie* (Madame de), d'après Vanloo. — Jeune femme lisant une lettre, d'après de Troy. Deux pièces in-4. Belles épreuves.

CHOFFARD (P. P.)

128 — Une Salle de Conseil 1756 (H. B. 597). — Les Armes du marquis de Marigny (609). Deux pièces en tirage à part.

CIPRIANI (d'après G. B.)

129 — Britannia directing Painting, sculpture and architecture. — Jupiter and Juno on Mount Ida. Deux pièces en bistre et en couleur, par Ryland et Bartolozii. Belles épreuves.

CLEMENTI

130 — Le mal sans remède. Belle épreuve avant la dédicace. Marges.

COCHIN LE FILS (d'après C. N.)

131 — Vignettes pour les Œuvres de Rousseau. L'Arioste, La Jérusalem délivrée, du Tasse, etc. Trente-huit pièces, plusieurs sont avant la lettre.

132 — Vignettes pour l'Histoire de France. Soixante-six pièces, une est à l'eau-forte pure.

133 — Vignettes pour Tarsis et Zélie ; Les œuvres de Saint-Marc, de Rousseau, etc. Trente-huit pièces ; plusieurs sont en tirage à part.

COIFFURES, COSTUMES et MODES

134 — *Costume parisien*, de l'an VIII à 1813. Cent dix-sept pièces coloriées, grandes marges.

135 — Costumes, coiffures, d'après Le Clerc et Duhamel. Huit pièces.

136 — L'Anglais à Paris. — Les funestes effets de la coquetterie. — Ridiculous taste or the ladies absurdity. Trois pièces.

137 — Un peu plus large. — Un peu plus serré. — Découverte malheureuse. — Tabac en poudre. — Tabac à fumer. — Patinage, — etc. Huit pièces.

138 — Costumes Suisses et Hollandais. Quarante-six planches coloriées.

139 — Costumes de théâtre ; sujets tirés : *des Souvenirs et Regrets d'un vieil amateur dramatique*. Trente pièces noires et coloriées.

140 — Cris de Paris, par Bouchardon, Boucher et autres. Cinquante-quatre pièces.

141 — Merveilleuses. — Haute classe. — Travestissements, etc. Neuf pièces coloriées d'après Gatine.

142 — Modes de Paris, Petit Courrier des Dames (1844 à 1848). Environ trois cents pièces coloriées.

143 — Modes, costumes, travestissements, par Lanté, Hy, Lecomte, Duhamel et Naudet. Vingt-six pièces coloriées.

144 — Scène galante. — Costumes de femmes et d'hommes de l'époque Louis XVI. Sept pièces. Belles épreuves.

COLIBERT

145 — La Patrie secourue — La Patrie satisfaite, deux pendants. Belles épreuves en couleur, marges.

COMPAGNIE (J.-B.)

146 — L'Amour Précepteur. Belle épreuve en couleur, marges.

COSTUMES MILITAIRES

147 — Atlas pour l'Art de combattre à cheval contre toute espèce d'arme blanche, représenté par 54 figures, par Alex. Muller. *Paris, Anselin, 1828,* in-4 br.

148 — Costumes militaires, par Lalaisse, Coigniet, Marlet, E. Lami et Martinet. Dix pièces en noir et coloriées.

149 — *Dumonseau. — Gourdon.* — Sapeur des chasseurs à pied de la Garde des Consuls — Représentant du Peuple aux armées. An III — Officiers Russes — Français Républicain. An III. Six pièces coloriées.

150 — Gardes-Françaises, s'exerçant au maniement du fusil, deux pièces d'après Ch. Eisen. Belles épreuves avant la lettre, marges.

151 — Grenadier, Dragon, deux lithographies, par Charlet; chez Lasteyrie. Belles épreuves.

152 — Lancier et Grenadier de la Garde Royale — Fusilier et Chasseur de la Garde Royale. Deux pièces coloriées, d'après A. L., publiées chez Aubert. Épreuves à toutes marges.

153 — Officiers et Soldats Russes — Ah! fi donc, où les avances en pure perte. Deux pièces coloriées.

154 — Uniformes et Costumes. Vingt-huit lithographies de Charlet. Belles épreuves.

COUCHÉ

155 — Vénus pèlerine. Belle épreuve, marges.

COYPEL (d'après Ch.)

156 — La Folie pare la Décrépitude des ajustements de la Jeunesse. — La Jeunesse sous les habillements de la Décrépitude. Deux pièces faisant pendants par Lepicié et Surugues. Belles épreuves.

DAGOTY (G.) et B.

157 — *Boucher* (François). — *M. de Voltaire.* Deux portraits in-4. Belles épreuves.

DANLOUX (d'après)

458 — La Surprise agréable, par Jonxis. Très belle épreuve avant la dédicace, grandes marges.

DARCIS (L.)

459 — Le départ et le retour des Volontaires. Deux pièces faisant pendants, d'après Isabey. Belles épreuves, une est avant toutes lettres.

460 — Marius à Minturnes, d'après Drouais. Deux épreuves dont une avant toutes lettres.

DAULLÉ (J.)

461 — *Gauffecourt* (Capperonnier de), d'après Nonnotte. (Del. 23). Très belle épreuve, marges.

462 — *Mignard* (Catherine), comtesse de Feuquière, d'après P. Mignard. Belle épreuve.

463 — La Ménagère flamande. — Les Plaisirs flamands. Deux pièces faisant pendants, d'après Téniers. Belles épreuves à toutes marges.

DAULLÉ (J.). HENRIQUEZ

464 — *Caylus* (Marguerite de Valois, Ctesse de). — *Diderot* (D.). Deux portraits. Belles épreuves.

DAUMIER (H.)

465 — Portraits des représentants. — Histoire ancienne. — Tout ce qu'on voudra. — Robert Macaire, etc. Vingt-quatre pièces en noir et coloriées.

DAUMONT (à Paris chez)

466 — Le Matin, d'après Lancret, composition pour paravent, avec entourage de style rocaille. Épreuve coloriée, rare.

DAVID (Mlle)

467 — A bas le verrou. Ovale en couleur.

DAVIES (d'après R. B.)

468 — The Chase. (Fox Hounds running Breast high.) gravé par T. Sutherland. Belle épreuve coloriée, grandes marges.

DEBUCOURT (P. L.)

169 — La Coquette et ses filles ou une mère à la mode, 1803. — Les Galants surannés ou les petits papas à la mode, 1804. Deux pièces. Très belles épreuves, petites marges.

170 — La Coquette et ses filles, ou une mère à la mode. Belle épreuve, grandes marges.

171 — La femme et le mari, ou les époux à la mode. Belle épreuve.

172 — L'oiseau privé. — La fenêtre. — L'Hiver ou le mari. Trois pièces sans marges, une est en couleur.

173 — Artilleur Anglais. — Cuirassier prussien. — Houssard Anglais. Trois pièces d'après C. Vernet. Très belles épreuves en couleur, marges.

174 — Le Cosaque galant. — Anglais en habit habillé. — Famille écossaise. — Officiers Prussiens. — La marchande de cerises. — Promenade au bois de Vincennes. Sept pièces en noir et coloriées.

175 — Elle est prise. — Barrière de Bercy. — Barrière de la Villette. — Trois pièces, une est en couleur.

DEMACHY (d'après)

176 — Inauguration de la statue de Louis XV, le 14 février 1763, par Hemery. Très belle épreuve avant la lettre, à toutes marges.

DEMARTEAU (Gilles)

177 — Femme sur le dos d'après Fr. Boucher (de L. 47). Belle épreuve à la sanguine, grandes marges.

178 — Pastorale (62) — Autel de l'amitié (75) — Jeune fille penchée en avant tenant d'une main une rose et prenant de l'autre un panier de fleurs à terre (101). Trois pièces à la sanguine d'après Boucher. Belles épreuves.

179 — Femme nue dansant, d'après Fr. Boucher (232). Belle épreuve à la sanguine, marges.

180 — Costume de Pierrot (256) — Tête de femme (304) Femme en costume russe (389). Trois pièces à la sanguine d'après J. B. Le Prince. Belles épreuves.

181 — La leçon de Flûte (551) — Nymphe et Satyre. Deux pièces aux trois crayons, d'après Boucher et Caresme. Belles épreuves.

182 — Pastorale — Paysanne et son enfant — Groupes d'Amours. Quatre pièces à la sanguine d'après Boucher.

DENNEL

183 — Comparaison du bouton de rose, d'après G. de Saint-Aubin. Belle épreuve.

DENY (à Paris chez)

184 — Le Double engagement — Le Verrou ou la sûreté des Amants. Deux pièces. Grandes marges.

DEPEUILLE (à Paris chez)

185 — Le Bœuf à la mode — La Vache à la mode. Trois pièces par Ruotte et Leclerc.

186 — Et nous aussi j'valsons. Belle épreuve coloriée, marges.

187 — La Valse. Belle épreuve coloriée.

188 — Les malheurs de la vaccine. Caricature coloriée, à toutes marges.

DESCOURTIS

189 — L'Hermite du Colisée — Intérieur d'un Cloître de Religieuses. Deux pièces faisant pendants, d'après Hubert-Robert. Belles épreuves en couleur, grandes marges.

DESRAIS (attribué à)

190 — Dans une salle de concert, les tribunes garnies de spectateurs. Un moine est porté en triomphe et fraternise le verre à la main avec un dragon ; de chaque côté de ce groupe, se trouvent plusieurs personnages et militaires en costume de la fin du règne de Louis XVI. Jolie pièce gravée au trait, très rare (un coin est refait).

DESRAIS (d'après)

191 — *Chalier* (Joseph). — *Viala* (Agricola). Deux portraits en couleur par Pitout et Beauvalet. Belles épreuves.

192 — Le Baiser deviné. — Variétés amusantes. Deux pièces Deny ; marges.

193 — Le Bal masqué. — Le Bouquet dangereux. — Le maître galant. — Le Serment à la mode. Suite de quatre pièces par Berthet. Belles épreuves, une est sans marges.

194 — Changez-moi cette tête. Très belle épreuve imprimée en bistre.

DESROCHERS et TARDIEU

195 — *Villars* (Le Maréchal de). — *Loudon* (Josué, Comte de). Deux portraits ; belles épreuves.

DETAILLE (d'après E.)

196 — Mon ancien régiment, par A. Bouland fils. Épreuve à toutes marges.

DIVERS.

197 — Affiches illustrées, par Chéret, Grévin, Ch. Lévy, etc. Soixante-quinze pièces.

198 — Bal de Mai. — Les plaisirs pastorals, d'après Watteau. Eaux-fortes par Charles Jacques, de Boissieu, Chaplin et autres. Esquisses peintes, dessins, etc. Quarante-cinq pièces.

199 — Portraits pour la Galerie de Florence. Trente-deux pièces avant la lettre sur papier de Chine.

200 — Ports de France, Estampes, Vues, Calendriers, etc. Environ soixante pièces in-folio. Trois lots.

201 — Portraits anciens et modernes. Environ quatre cents pièces. Plusieurs lots.

202 — Portraits Chartrains et vues d'Eure-et-Loir. Quatre-vingt-cinq pièces.

203 — Portraits de Souverains Russes. Dix-huit pièces.

204 — Sujets gracieux, pour dessus de boîtes, bonbonnières, écrans, abat-jour, etc. Environ soixante-dix pièces, par ou d'après Boilly, Martinet, Bartolozzi, etc. Sept lots.

205 — Vues d'optique, de Paris, Versailles, fêtes et réjouissances publiques, etc. Quatorze pièces coloriées.

206 — Vignettes, Vues, Paysages, Caricatures, Scènes de mœurs, feuilles d'animaux à la sanguine, Portraits, etc. Plusieurs lots.

DORÉ (Gustave)

207 — Macbeth. Sept pièces in-folio. Épreuves d'artiste.

DREUX (Alfred de)

208 — Lithographies originales. Six pièces coloriées.

DROYER, LE ROY, MACRET

209 — *Corneille* (Pierre). — *Tassoni.* — *Degravers*, oculiste. Trois portraits. Belles épreuves, deux sont avant la lettre.

DUPIN, VANGELISTY

210 — *Le prince de Condé.* — *Louis-Henri-Joseph de Bourbon Condé, duc de Bourbon.* In-8. Environ cent cinquante épreuves.

DUPLESSIS (A.)

211 — Le Triomphe de Voltaire. Belle épreuve, marges.

DUPLESSIS-BERTAUX (J.)

212 — Batailles, Métiers, Scènes de comédie, etc. Quarante pièces à l'eau-forte, plusieurs sont avant la lettre.

213 — Bienfaisance ingénieuse de Pradère et Ellevion, fait historique du 5 Messidor an X ; in-4. Belle épreuve à l'eau-forte pure, toutes marges.

214 — Campagnes des Français, d'après C. Vernet. Soixante pièces.

DUVIVIER, JOHANNOT

215 — Vignettes pour les Œuvres de Destouches, et pour les Contes de Ch. Nodier. Dix-huit pièces avant la lettre.

EARLOM (Richard)

216 — The Royal Academy of Arts, d'après Zoffani, à la manière noire. Belle épreuve.

217 — A fruit piece. — A Flover piece. Deux pièces faisant pendants, gravées à la manière noire d'après Van Huysum. Belles épreuves.

218 — The Triumph of Mordecai, d'après G. Van Eeckhout. Belle épreuve à la manière noire.

ECOLE ANGLAISE

219 — La jeune accouchée. — Héloïse. — Abeilard. — Marcella. — Sujets gracieux. Sept pièces en noir et en couleur, trois sont avant la lettre.

220 — Jeunes filles donnant la nourriture à des porcs et à des veaux, deux pendants. Épreuves en couleur sans marges.

EDELINCK (G.)

221 — *Médicis* (François de) grand duc de Toscane. — *Jeanne d'Autriche*, grande duchesse de Toscane. Deux portraits faisant pendants, d'après Rubens. Belles épreuves à toutes marges.

EDELINCK (Nic.)

222 — *Lafontaine* (Jean de), d'après Rigaud. In-4. Belle épreuve.

EISEN LE PÈRE (d'après)

223 — L'attente du moment. — Le plaisir malin. Deux pièces par Halbou.

224 — L'Appât trompeur, par J.-C. Schwab. Belle épreuve, grandes marges.

EISEN (d'après Charles)

225 — L'Amour Asiatique, par Basan. — La cuisinière charitable, par Chevillet. — Le petit donneur d'avis, par Tardieu. Trois pièces, grandes marges.

226 — L'Amour assortit les époux. In-4, par Patas. Belle épreuve avant la lettre.

227 — Le Cas de Conscience, par Tardieu. Belle épreuve.

228 — Le Concert mécanique, par de Longueil. Superbe épreuve avant toutes lettres, marges.

229 — La même estampe. Épreuve avec le lustre effacé.

230 — La Dame de charité, par Voyez l'aîné. Très belle épreuve avant la lettre, marges.

231 — La Nuit, par Patas. Belle épreuve, grandes marges.

232 — Pastorale. Belle épreuve à l'eau-forte pure, grandes marges.

233 — Vignettes pour les Œuvres de Marmontel, Voltaire, Dorat et autres. Soixante-dix pièces : plusieurs sont en tirages à part.

234 — Vignettes pour les Métamorphoses d'Ovide, Clarisse Harlowe, les Œuvres de Voltaire, d'Arnaud, etc. Soixante pièces ; plusieurs sont avant lettre.

235 — Vignettes, titres et frontispices pour Bacchus et Ariane, Diane au bain, le Triomphe de l'Amour, etc. Quarante pièces.

ELLUIN

236 — *Duplant* (Rosalie). — *La Ruette* (Marie-Thérèse Villette femme). Deux portraits in-4. Belles épreuves.

FATOU (à Paris chez)

237 — *Le Brun* (Mme). — La tendre mère. Deux pièces.

FESSARD (M.)

238 — *Dorat* d'après Hoin. Grand in-8, très belle épreuve, marges.

FESSARD (Et.)

239 — Feste Flamande, d'après P. P. Rubens. Belle épreuve, grandes marges.

FICQUET (Et.)

240 — *Molière* (J.-B. Poquelin de). In-8, d'après Coypel. Belle épreuve avant les contretailles.

241 — *Chennevières* (1er état). — *Régnard*. — *Voltaire*. Trois portraits in-8.

FICQUET (Et.), SAVART (P.)

242 — *Corneille* (Pierre). — *Racine* (Jean). Deux portraits. Belles épreuves.

FIESINGER (G)

243 — Généraux du 1er Empire. Dix portraits in-4 d'après Guérin. Epreuves à toutes marges.

FLAMEN (A. B.)

244 — Vues de Longuetoise, Saint-Mars, etc. Onze pièces.

FOKKE (Simon) et **VINKELÈS**

245 — Arrivée du Stathouder des Pays-Bas à Amsterdam le 30 mai 1768. — Séances de Congrès. — Scènes théâtrales. — Frontispice. Sept pièces avant la lettre, marges.

FORSTER (F.)

246 — Les Trois Grâces, d'après Raphaël. Belle épreuve sur papier de chine, à toutes marges.

FORTIER

247 — Le Café Politique. Eau-forte, grandes marges.

FRAGONARD (d'après Honoré)

248 — La Bonne Mère, in-4 en largeur, gravure au pointillé, sans noms d'artistes. Belles épreuves, grandes marges.

249 — Le Contrat. — Le Verrou, deux pièces par Blot· Belles épreuves à toutes marges.

250 — Fant-Fant, par Delaneau. Deux épreuves, dont une en bistre, marges.

251 — L'Heureuse fécondité ; petite pièce ovale imprimée en couleur, très belle épreuve avant la lettre, marges.

252 — Jeune femme en pied, tenant un bouquet de roses ; à la sanguine, épreuve à toutes marges, rare.

253 — Ma chemise brûle !..., par Aug. Le Grand. Très belle épreuve imprimée en bistre, marges.

254 — Le Muletier. Très belle épreuve à l'eau-forte pure, marges.

255 — Estampes pour les Contes de Lafontaine, édition Didot, 1795. Six pièces.

256 — Paysage avec ruines, gravé par Saint-Non, 1766. Belle épreuve en bistre.

257 — Pélerinage à Saint-Nicolas. Très belle épreuve avant toutes lettres, marges.

258 — Le Sacrifice de la Rose, par Gérard. Très belle épreuve avant la lettre, grandes marges.

259 — Le Songe d'Amour, par N. Fr. Regnault. Belle épreuve.

260 — Annette à l'âge de quinze ans. — Le Baiser dangereux. — L'Heureuse famille. — L'Heureuse fécondité. — Ma chemise brûle. Cinq pièces.

FRAGONARD fils (d'après)

261 — Le Billet. — Le petit Messager. Deux pendants par Gérard et Monsaldy, épreuves, à grandes marges.

262 — Scènes pour les Comédies de Molière et pour le Mariage de Figaro et le Barbier de Séville. Suite de douze lithographies, épreuves sur papier de chine.

FREUDENBERG (d'après S.)

263 — Les époux curieux. — L'Horoscope accomplie. Deux pièces faisant pendants, gravées par Ponce. Belles épreuves, marges.

264 — Lison dormait, par Trière. Belle épreuve.

FREU DENBERG, GÉRARD (d'après Mlle)

265 — La Matinée. — La Surprise. — L'Elève intéressante. — Le Triomphe de Minette. Quatre pièces.

GAUCHER (Ch. S.)

266 — Hommages rendus à la mémoire de Mirabeau, d'après Grœnia. Belle épreuve avant la dédicace, grandes marges.

267 — *Lafontaine* (Jean de), petit médaillon in-18 d'après Rigaud. Quatre épreuves d'états dont une à l'eau-forte pure, marges.

GAULTIER (Léonard)

268 — Réunion de cinquante titres et frontispices de livres divers gravés en taille-douce de 1604 à 1621, in-folio cart. On a conservé pour la plupart de ces titres que l'encadrement orné, la partie imprimée ayant été découpée et enlevée.

GAUTHIER (à Paris, chez)

269 — Aventure tragique arrivée au bastringue du Port-au-Bled. Image populaire coloriée, avec légende, rare.

GAVARNI

270 — Masques et Visages. Quarante-cinq pièces, plusieurs sont avant la lettre.

271 — Souvenirs du Bal Chiquard. — Les Coulisses. — La Boîte aux lettres, etc. Trente pièces coloriées.

GÉRARD (d'après Mlle)

272 — L'Espoir du retour, par H. Gérard. Belle épreuve.

GÉRICAULT

273 — Lithographies originales. Cinq pièces, avec marges.

274 — Lithographies originales. Neuf pièces sans marges.

GILBERG

275 — *La Chantrie* (Mlle) de l'Opéra, d'après Pierre, à la sanguine, toutes marges.

GILBERG, GOUSY, HUET

276 — *La Chantrie* (Mlle) de l'Opéra — La Nourrice — Jeune femme jouant de la guitare. Trois pièces à la sanguine et en couleur.

GILLOT (C.)

277 — Feste de Bacchus — Feste de Faune — Feste du Dieu Pan — Feste de Diane. Suite de quatre pièces. Belles épreuves.

GOLE (J.)

278 — Lottery van Groottenbroek, d'après C. Dusart. Belle épreuve à la manière noire, marges.

279 — La Musique — La Vue. Deux pièces gravées à la manière noire. Belles épreuves.

GODEFROY.

280 — Les Disciples de Flore — Les Enfants de Pomone. Deux pièces faisant pendants, d'après Bounieu. Belles épreuves.

GODEFROY, NÉE.

281 — Vue du Tombeau de J.-J. Rousseau dans l'Isle des peupliers à Ermenonville — Monument projeté à la gloire de J.-J. Rousseau. Deux pièces in-folio. Belles épreuves, une est avant la lettre. Marges.

GRANDVILLE (J. J.).

282 — Les métamorphoses du jour. — Album cosmopolite — Tribulations, etc. Dix-huit pièces en noir et coloriées.

GRAVE

283 — D'un tas de fumier, les Jacobins tirent un ministre de la guerre ; gravure imprimée en bistre et coloriée.

GRAVELOT (d'après Hub.)

284 — La Grande Foire — Le Jeu de la Crosse — La Course de Chevaux — Le Jeu de Quilles, suite de quatre pièces, en forme de frises, gravées par Bacheley. Belles épreuves, marges.

GREEN (Val.).

285 — *Danby* (Henry Danvers Earl of), d'après Van Dyck — The Cave of Despair, d'après B. West. Deux pièces à la manière noire.

GREUZE (d'après J.-B.)

286 — L'Écureuse, par Beauvarlet. Belle épreuve, marges.

287 — Le Malheur imprévu, par R. de Launay. Belle épreuve d'artiste, non terminée, grandes marges.

288 — La même estampe. Belle épreuve avant la dédicace, marges.

289 — Le Paralytique servi par ses enfants. Très belle contre-épreuve à l'état d'eau-forte pure, de l'estampe gravée par Flipart, rare.

290 — La Veuve et son curé, par Levasseur. — La fille confuse, par Ingouf. Deux pièces avant la lettre. Belles épreuves.

291 — La Malédiction paternelle. — Le Fils puni. — Offrande à l'Amour. — Calisto. — La petite Mère. — La jeune Nourrice. — La Fleuriste. Huit pièces.

GUÉLARD

292 — Le Bureau typographique : La Bibliothèque des enfants à l'usage de Monseigneur le Dauphin et de Messeigneurs les Enfants de France, 1732. Belle épreuve.

GUÉRARD (N.)

293 — Baccanal et divertissements des environs de Paris. Belle
épreuve, marges.

GUTTEMBERG (H.)

294 — Nannéte éffrayée, d'après Meyer. Belle épreuve, grandes
marges.

GUYOT

295 — Action de Joseph Chrétien qui a remporté le prix de
Vertu à l'Académie française en 1786, d'après C. Texier.
Belle épreuve en couleur. (La marge du bas est coupée).

296 — Adam et Eve dans le Paradis terrestre, d'après Bounieu.
Belle épreuve avant la lettre, imprimée en couleur.

297 — Vue de la chapelle de l'Hermitage. — Vue du Forum
Romain. — Le Temple de Mars. — Le Temple de la Philo-
sophie. Quatre pièces en couleur d'ap. Pernet et Pérignon.
Belles épreuves.

HAID (J.-J.)

298 — Amusement de la Jeunesse. — La Souffleuse de savon.
Deux pièces gravées à la manière noire. Belles épreuves.

HAID, HODGES, HUNIN

299 — *Hahn* (J.-G.-H.). Jeune femme tenant une guirlande
de fleurs. — The True Gaity, d'après Jean Steen. Trois
pièces à la manière noire.

HARMAR (T.)

300 — From the banquet; ovale en couleur. Belle épreuve.

HEATH (W.). HUMPHREY

301 — The deepot. — Breaking up. Deux pièces coloriées.

HELMAN

302 — Départ d'une caisse conique en présence de Sa Majesté
Louis XVI à Cherbourg, le 23 Juin 1786. — Immersion
d'une caisse conique dans la rade de Cherbourg — La
quatorzième expérience aérostatique de M. Blanchard —
Entrée de M. Blanchard et du chevalier de Lépinard.
Quatre pièces d'après L. Watteau et Chatry de la Fosse.

HEMERY le Jeune.

303 - Le Petit Pélerin, d'après Grimoux. Belle épreuve, marges.

HESS (Charles). HAMILTON

304 — Rubens and his first wife, d'après P. P. Rubens — Louis XVI et son Auguste famille, par Duthé. Deux pièces.

HURERT (F.)

305 - Le Marchand de Cornes, d'après Le Nain. Belle épreuve avant la lettre, grandes marges.

HUCK (d'après J. G.)

306 — The Grape Girl, gravé à la manière noire par J. Young. Belle épreuve.

HUET (d'après J. B.)

307 - Son portrait, le représentant assis et dessinant, gravé à la manière de lavis, in-4. Très belle épreuve avant la lettre, grandes marges.

308 — L'Amour dévoile les yeux de l'Innocence et lui montre l'amitié des deux tourterelles — La Fidélité couronne l'Amour. Deux pièces faisant pendants, gravées par J. F. Wolff. Belles épreuves, dont une imprimée en bistre.

309 — L'Amour couronné par les Grâces — Les Grâces enchaînées par l'Amour — L'Innocence reçoit de l'Amour deux colombes. Trois pièces, par Wolff et Chaponnier.

310 — Ce qui est bon à prendre est bon à garder, par Chaponnier. Belle épreuve avant la lettre, toutes marges.

311 — Départ pour le Siège de la Bastille — La petite attaque ou la petite Bastille. Deux pièces gravées en couleur par Bonnet. Très belles épreuves.

312 — Le Goûter champêtre, par Jubier. Très belle épreuve en couleur, marges.

313 — L'Heureux chat, par Bonnet; épreuve en couleur.

314 — Les Laveuses. — Les Pêcheurs. Deux pièces faisant pendants, gravées par Jubier. Belles épreuves, dont une imprimée en bistre, marges.

315 — Les plaisirs de la campagne, par Mixelle. Très belle épreuve en couleur, toutes marges.

HUET (J. B.). CHALLE (d'après)

316 — Le Midy. — L'Après-midy. — Le Soir. Trois pièces en couleur par Bonnet. Belles épreuves.

HUGUET

317 — Elévation perspective de la nouvelle place du Palais de Rennes. — Partie de l'incendie de la ville de Rennes, vue de la place du Palais. Deux pièces. Belles épreuves.

HUMBLOT (J.)

318 — Plaisanterie d'un Pédant et d'une harangère. Pièce satyrique. Belle épreuve.

INCROYABLES (Pièces sur les).

319 — L'Anglomane, par Darcis. — Départ des Remplacés. Deux pièces.

320 — Ah ! beaucoup vous critiquent ! mais peu vous imitent. — L'observateur au boulevard de Coblentz. — La science du jour. Trois pièces.

321 — Les Croyables au Pérou. — Pauvre rentier ruiné. Merlan à frire, à frire. — La rencontre des Incroyables. Trois pièces, belles épreuves, marges.

INGOUF (Fr. R.)

322 — *Petit* (François), médecin. — *Flipart* (J. J.) — *Wille* (J. G.). Trois portraits in-folio et in-4. Belles épreuves.

INGRES (d'après)

323 — Son portrait par Calamatta. — *Gatteaux.* — *Gatteaux fils.* — *Tardieu.* Cinq portraits. Belles épreuves.

ISABEY (d'après J.)

324 — *Wellington* (Le duc de), par Mecou. Belle épreuve, marges.

325 — *Marie Louise* (l'Impératrice) — *Denon* (Vivant) — Portrait de Hongrois. Trois pièces par Mécou, Denon et Aubertin. Deux épreuves sont avant la lettre.

326 — Le départ — Le retour. Deux pièces par Dareis.

327 — Le petit Coblentz, eau-forte par Loizelet. Épreuve avant la lettre, coloriée.

JACQUES

328 — Cérémonie de la levée de la Fierte par le prisonnier le jour de l'Ascension à Rouen. Épreuve à toute marge.

JACQUE (Ch.)

329 — Portrait de M. Luquet (associé de Cadart), in-4 (G. 437). Très belle épreuve avant l'adresse de l'imprimeur, toutes marges.

JANINET

330 — Portraits d'acteurs et d'actrices, tirés des *Costumes et Annales des grands théâtres de Paris*. Dix-neuf pièces en couleur, la plupart avec grandes marges.

331 — Ruines. Belle épreuve à la sanguine, à toutes marges.

JANINET. CHAPUY

332 — Vues de Paris, d'après Durand, Garbizza et Monpillée-Dupuis. Dix pièces à toutes marges.

JAZET

333 — La promenade du Jardin Turc, d'après J. J. de B. Très belle épreuve en couleur, grandes marges.

334 — Militaires Russes au bivouac, d'après Sauerwerd. Deux épreuves, dont une en couleur à toutes marges.

335 — La chasse au cerf — Départ pour la chasse — Tendresse maternelle. Trois pièces, une est en couleur.

336 — L'utile et l'agréable. Belle épreuve, marges.

JEAURAT (d'après)

337 — La belle rêveuse. — Les caresses réciproques. Deux pendants, par Gaillard et Jardinier. Belles épreuves, grandes marges.

JONES (J.)

338 — The critical Swing or Game Caught Flying; à la manière noire. Belle épreuve.

JUBIER

339 — La pêche d'après Michelle, belle épreuve en couleur.

JUKES (Françis)

340 — Arrival of the Princess Maria Thérèsa Charlotte Daughter of Lewis XVI, at Basle, dec. 26 th 1795, d'après Antoine. Très belle épreuve en couleur, rare.

JULIEN (L.)

341 — Boby ou la folle par amour écossaise, d'après S. Julien. Épreuve en couleur.

KAUFFMANN (d'après Angelica)

342 — Veillez Amants, si l'amour dort. — Eloïsa. — Alexandre cédant sa maîtresse Campaspe. — Cléopatre se jetant aux pieds d'Auguste. — Abeilard présente l'Hymen à Eloïse qui le refuse. — Génie de l'Architecture. — Génie de la Peinture. — Le Conseil des Grâces. — Cléone. — Ste-Geneviève. — L'Allegra. — Onze pièces en noir et en bistre.

343 — Nymphs adorning Pan. — Les Nymphes sacrifiant à l'Amour. — Andromache Weeping over the Ashes of Hector. — Sincerity. — Venus explaining to Cupid the Torch of Hymen. Huit pièces en noir et en bistre, une est avant la lettre.

L B. M.

344 — Jorniac de Saint-Méard, in-8, Frontispice pour les Quatorze éditions de l'Agonie de 38 heures. Belle épreuve.

LA COUR

345 — La Bergère surprise, eau forte, in-4, 1780. Belle épreuve, marges.

LALAUZE (Ad.)

346 — Mme de Pompadour jouant Acis et Galatée sur le théâtre des petits appartements à Versailles, d'après C. N. Cochin le fils. Belle épreuve d'artiste avant la lettre et avec remarques.

LAMI (d'après Eugène)

347 — Revue de la Garde Nationale à Paris en 1835, gravé à l'eau forte par Girardet. Belle épreuve sur papier de Chine.

LANCRET (d'après N.)

348 — A femme avare galant escroc. — Le Gascon puni. — Le Midi. — La Soirée. Quatre pièces par de Larmessin.

349 — *Dans cette aimable solitude...* — *Près de vous Belle Iris...* Deux pièces par Crépy et Hortemels.

350 — L'Esté par Scotin. — Le Maître galant, par Le Bas. — La Vieillesse, par de Larmessin. Trois pièces.

351 — *Grandval,* par J. Ph. Le Bas, 1755. Très belle épreuve, grandes marges.

352 — *Quand vous voulés toucher quelque cœur amoureux...,* par M. Horthemels. Belle épreuve.

LAUNAY (N. de)

353 — La partie de plaisir, d'après Weenix. Très belle épreuve avant la lettre, grandes marges.

LAVREINCE (d'après N.)

354 — Le Concert agréable par C. N. Varin (13). Belle épreuve avec l'adresse de Vidal.

355 — Le lever des Ouvrières en Modes, par Dequevauviller. (36)

356 — Les Nymphes scrupuleuses, par Vidal. (42). Epreuve à toutes marges.

LAWRENCE (d'après Sir Th)

357 — *Lambton* (Master), in-folio à la manière noire. Belle épreuve, grandes marges.

358 — Portraits d'hommes et de femmes. Cinq pièces. Belles épreuves.

LE BARBIER (d'après)

359 — Trente vignettes in-4 par les Œuvres de S. Gessner. Belles épreuves, la plupart avant les numéros, une est à l'eau-forte pure.

360 — Vignettes pour les Œuvres de Gessner, D'Arnaud, Berquin et autres. Vingt-six pièces ; deux sont en tirages à part.

LE BARBIER, LE BOUTEUX. SAINT-QUENTIN
(d'après)

361 — Vignettes pour les Chansons de Laborde. Vingt-trois pièces. Belles épreuves à grandes marges.

362 — Vingt-et-une planches pour le même ouvrage ; petites marges.

LE BAS (J. Ph)

363 — Les Jardinières, d'après J. Vernet. — Pierrot et sa progéniture. Deux pièces. Belles épreuves.

364 — Revue de la Maison du Roi, au Trou d'Enfer, d'après Le Paon. Belle épreuve, grandes marges.

LE BEAU

365 — *Dugazon* (Mme). In-8. Belle épreuve.

LE BEL (d'après)

366 — Le coup de vent. — La voilà prise. Deux pendants par Girardet et Niquet. Grandes marges.

LE CAMPION

367 — Vues de Paris. Vingt pièces en couleur et en noir, avant la lettre.

LE CLERC (Sébastien)

368 — Plafond de la chambre du lit de M. le baron de Tessin. — Plafond de la salle d'un hostel baty à Stockholm, appartenant à M. de Tessin. Deux pièces. Très belles épreuves.

LE CLERC (d'après)

369 — Etudes de femmes nues, gravées à la sanguine par Auvray et Roubillac. Six pièces.

LE CŒUR

370 — Paix générale, au X. Belle épreuve imprimée en bistre, marges.

LEGRAND. LE NOIR

371 — Le Bon commerce. — Caroline de Lichtfield. — But the greatest of these is charity. Trois pièces, deux sont en couleur.

LE JOLIVET (d'après)

372 — Vue perspective de la décoration de la Place royale de Dijon, et du temple dédié à la félicité publique, gravé par L. Monnier. Belle épreuve.

LE PEINTRE (d'après)

373 — La fille surprise. — La mère trompée. Deux pièces par Aug. Desnoyers.

LE PRINCE (J.-B)

374 — Les Bateaux Russes. — Le Coche d'eau. — 1ᵉʳ et 11ᵉ pastorales. Quatre pièces en bistre, à toutes marges.

375 — *O fortunatos nimium.* — Le Repos. — Jésus dans le Temple. Trois pièces en bistre, grandes marges.

LE PRINCE (d'ap. J.-B.)

376 — L'amour à l'Espagnole, par I. Neidel, 1794. Belle épreuve en bistre.

377 — La danse de l'ours. Très belle épreuve à l'eau-forte pure, marges.

378 — L'Enfant chéri, par N. de Launay. Belle épreuve.

379 — L'Enfant cheri. — Le moineau retrouvé. — L'amour à l'Espagnole. Trois pièces, une est avant la lettre.

380 — La Lettre rendue, par N. de Launay. Belle épreuve avant la lettre, marges.

381 — Les Modèles, par J. de Longueil. Très belle épreuve avant la lettre, grandes marges.

LE RAT

382 — Portrait de *Alfred Delvau* littérateur francais ; in-8. Soixante épreuves en différents états.

LESPINASSE (d'après le Chᵉʳ de)

383 — Vuë intérieure de Paris, représentant le Port au blé depuis l'extrémité de l'ancien marché aux veaux jusqu'au pont Notre-Dame. Belle épreuve à toutes marges.

384 — Vuë intérieure de Paris représentant le Port Saint Paul, prise du Quay des Ormes vis-à-vis l'ancien bureau des Coches d'eau. Belle épreuve à toutes marges.

385 — Vuë intérieure de Paris, prise du milieu du Pont Royal, regardant le Pont-Neuf, par Berthault. Belle épreuve à toutes marges.

386 — La même estampe, petites marges.

L'EVÊQUE (Henrique)

387 — *Beresford* (Marchal Lord), in-folio en pied. Belle épreuve à toutes marges.

LEVILLY (J. P.)

388 — Cottager — Villager. Deux pendants, grandes marges.

389 — A maid — Palemon and Lavinia — Garçons baignant — Garçons dérobant un verger. Quatre pièces.

390 — L'Innocence sous la protection de l'Amour. Belle épreuve à toutes marges.

391 — Quand reviendra-t-il — Je l'attendais — La Rivale désabusée — L'instant du Rendez-vous — L'Heureux présage. Cinq pièces à toutes marges.

392 — Une Veuve. Belle épreuve imprimée en bistre, grandes marges.

LITTRET

393 — Allégorie sur le Dauphin, père de Louis XVI, d'après Schenau. Belle épreuve à toutes marges.

394 — Vénus endormie, d'après Saint-Quentin. Belle épreuve, marges.

LOUIS XVI ET SA FAMILLE (Pièces sur)

395 — **Anonyme.** *Louis XVI* enfant, dans un encadrement de lys et de roses. Petit in-folio. Superbe épreuve avant toutes lettres, marges.

396 — **Anonyme.** *Louis XVI.* — *Marie-Antoinette.* Deux pendants avec scènes au bas. Belles épreuves à toutes marges.

397 — **Basset** (à Paris chez). *Louis XVI*; petit médaillon imprimé en couleur. Belle épreuve à toutes marges.

398 — **Bonnefoix** (veuve). *Louis XVI.* - *Marie-Antoinette.* Deux pendants.

399 — **Canu.** *Louis XVII.* — *Marie-Thérèse-Charlotte.* Deux petits médaillons pour dessus de boîte. Épreuves en couleur.

400 — **Cathelin.** Comte et Comtesse de *Provence,* d'après Drouais. Deux portraits avant la lettre.

401 — **Dupin.** *Artois* (Marie-Thérèse Comtesse d'). In-4. Belle épreuve.

402 — **Dupin.** *Marie-Antoinette,* Archiduchesse d'Autriche. In-8. Deux épreuves, dont une à toutes marges.

403 — **Duponchel.** *Louis XVI,* d'après Vanloo. Belle épreuve à la sanguine, grandes marges.

404 — **Hourdain.** *Marie-Thérèse-Charlotte,* d'après Kalterer. In-8. Belle épreuve en bistre.

405 — **Le Beau.** *Marie-Antoinette,* Reine de France ; in-8. Épreuve à toutes marges.

406 — **Le Mire** (N.). Au Roi, allégorie sur *Louis XVI,* d'après J. M. Moreau le Jeune. Belle épreuve, grandes marges.

407 — **Payen.** *Louis XVI.* — *Marie-Antoinette.* Deux pendants. Belles épreuves avant la lettre, à toutes marges.

408 — **Saint-Aubin** (Aug. de). A l'Immortalité. — La famille Royale. Deux pièces d'après Sauvage. Belles épreuves.

409 — **Schinker.** *Louis XVI.* — *Marie-Antoinette,* deux portraits coloriés. Belles épreuves.

410 — Allégories diverses, avec profils en silhouettes. Quatre pièces.

411 — *Louis XVI.* — *Marie-Antoinette.* — *Mme Elisabeth.* Neuf portraits par Bonneville, Cathelin, Bartolozzi, Gautier, Payen et autres. Belles épreuves.

412 — *Louis XVI.* — *Marie-Antoinette.* — *Mme la Comtesse de Provence.* — *Mme Adélaïde.* Douze portraits de la Galerie de Versailles.

MALLET

413 — Le culte naturel. Eau-forte, marges.

MALLET (d'après)

414 — Voyage à Cithère. Belle épreuve, grandes marges.

MARE (T. de)

415 — Vignettes pour les Contes de Lafontaine d'après H. Fragonard. Édition Conquet. 189 pièces ; en nombre.

MARIAGE (L. F.)

416 — *Saint-Simon* (Louis, Duc de), d'après Vanloo ; in-8. Belle épreuve, rare.

MARIETTE (à Paris, chez)

417 — Madame de Maintenon et les demoiselles de Saint-Cyr. Suite de six pièces. Belles épreuves.

MARIETTE. — MASQUELIER

418 — Jeune femme tenant deux Colombes — Le retour de la pêche. Deux pièces en couleur.

MARILLIER (d'après C. P)

419 — Scènes historiques tirées du Musée Français. Trois pièces par Patas. Belles épreuves avant la lettre, deux sont à l'eau-forte pure.

420 — Vignettes et en-têtes pour les Fables de Dorat, les Œuvres de Pope, Gessner, etc. Cinquante pièces, plusieurs sont en tirages à part.

421 — Vignettes pour Bitaubé, D'Arnaud, Boufflers, Dorat et autres. Quatre-vingts pièces.

MARIN (L)

422 — L'Éducation du petit chien — Le plaisir de la solitude. Deux pièces en couleur, avant l'encadrement. Belles épreuves.

423 — La Jolie laitière — Jeune femme prenant son café. Deux pièces en couleur, avant l'encadrement. Belles épreuves.

424 — Les regrets inutiles, d'après Bounieu — Jeune femme en buste, tenant une couronne de roses. Deux pièces en couleur, une est avant la lettre.

MAROT (Jean)

425 — Amphithéâtre de la place Dauphine. Belle épreuve.

MARTINET (à Paris, chez)

426 — L'Amant téméraire — La danse champêtre. Deux pendants. Belles épreuves.

427 — L'Équilibre rompu. Belle épreuve à toutes marges.

428 — Les Joueurs à la mode. Belle épreuve coloriée.

429 — L'Équilibre perdu. — Le Jardinier galant. — L'Obstacle. — Scènes de théâtre. Sept pièces. Belles épreuves.

430 — Les Modes anglaises à Paris. — Rencontre d'Anglais à Paris. Deux pièces coloriées. Belles épreuves.

MARTINET, MONNET (d'après)

431 — L'Agréable Moment, ou le Songe délicieux. — Ils s'enchantent. — Ils se suffisent. Trois pièces. Belles épreuves.

MASSARD (L)

432 — Abraham et Agar. Très belle épreuve avant la lettre, marges.

433 — Louis XVI et Henri IV, d'après Latinville. — Vénus liant les ailes de l'Amour, d'après Mme Vigée-Lebrun. Deux pièces, dont une avant la lettre.

MASSARD (Raphaël-Urbain)

434 — Le Pardon, d'après Landon. Très belle épreuve avant la lettre, à toutes marges.

MATHONIÈRE (à Paris, chez N. de)

435 — La statue équestre de Henry le Grand sur son piédestal. Belle épreuve, avec la légende imprimée. (Un coin est déchiré).

MAY (Ed)

436 — Frontispice in-4 pour : *Devant la Cheminée* (H. B. 3). Épreuve à toutes marges.

MEISSONIER (d'après E)

437 — Généraux dans la neige. — Le Liseur. — Les Bons
Amis. Trois piéces sur chine et sur japon. Deux sont avant
la lettre.

438 — Le Peintre. — Le Liseur. — Le Maréchal Duroc. —
Deux lansquenets. — Héraut d'armes, etc. Treize piéces.

MERCIER (d'après Ph.)

439 — Domestick Employment Knitting. Gravé à la manière
noire. Belle épreuve.

MERCURI (P.)

440 — *Maintenon* (Françoise d'Aubigné M^ise de), d'après
Petitot. — Les Moissonneurs dans les Marais Pontins,
d'après L. Robert. Deux piéces sur papier de chine, une
est avant la lettre.

MERYON (C.)

441 — La Salle des Pas-Perdus, d'après A. Ducerceau. (H.
B. 17). Belle épreuve, marges.

442 — La Pompe Notre-Dame. — Le petit pont. — La Salle
des Pas-Perdus, d'après Ducerceau. Quatre piéces.

443 — Vues de Paris, d'après Zeeman. — Portrait de Casimir
Lecomte ; deux épreuves avec dédicace. Quatre piéces.
Belles épreuves.

MICHEL (J. B). — PRUNEAU

444 — *Préville*, comédien. — *Drouin* (Mlle Angélique),
femme du Sr Préville. Deux portraits in-4.

MIGER

445 — Junon empruntant la ceinture de Vénus, d'après Rey-
naud. Belle épreuve avant la dédicace. Grandes marges.

MIGER, MORIN, WILLE

446 — *Vanloo* (L. M.). — *Parrocel* (J.). — *Massé* (J. B.). —
Belle-Isle (Fouquet de). — *Longueil* (René de). — *Bérulle*
(cardinal de). Sept portraits in-folio.

MIJN (A. Van der)

447 — The Miser, d'après H. Van der Mijn. Belle épreuve à la manière noire.

MIXELLE

448 — Mariage des habitants de l'Istrie Autrichienne, gravé à la manière noire d'après J. G. de Saint-Sauveur. Belle épreuve, marges.

449 — Le retour du soldat. Belle épreuve.

450 — Tableaux des principaux peuples de l'Univers. Suite de cinq pièces en couleur, d'après J. G. Saint-Sauveur. Belles épreuves, marges.

MOITTE (d'après)

451 — Bas-reliefs. Quatre pièces. Belles épreuves, grandes marges.

452 — Le Bouquet déchiré, par Vidal; épreuve avant la lettre.

453 — Suite de vingt-cinq figures in-4, gravées au lavis par Parisot, pour les *Aventures de Télémaque*. Très belles épreuves, à toutes marges.

MONGIN (d'après)

454 — Ah ah ! je vous y prends, par Beljambe. Belle épreuve en couleur.

MONNET (d'après Ch.)

455 — Ouverture des Etats Généraux. — Journée du 10 août 1792. — Pompe funèbre en l'honneur des martyrs de la journée du 10. — Le IX Thermidor an II. Quatre pièces par Helman.

456 — Jupiter et Anthiope. — Renaud et Armide. Deux pièces par Vidal.

457 — Le Roi d'Ethiopie abusant de son pouvoir, par Vidal. Belle épreuve, grandes marges.

MONNIER (Henri)

458 — Les Contrastes. — Les Gens sans façon. — Récréations, etc. Seize pièces en noir et coloriées.

459 — Mœurs administratives. Dix-huit pièces en noir.

460 — Suite de quinze figures in-8 coloriées, pour les Chansons de Béranger, complément de l'édition Baudouin, 1828. Belles épreuves.

461 — Suite de sept figures in-18 gravées au trait et coloriées à l'aquarelle, pour les Chansons de Béranger, édition publiée en Belgique, Rare.

462 — Suite de vingt figures in-8 gravées au trait et pouvant s'adapter aux Chansons de Béranger. Épreuves en double état, noir et coloriées, publiées vers 1870.

M ORANGE

463 — Pressentiment de Lolotte, d'après Saint-Amant. Épreuve à toutes marges.

MOREAU L'AÎNÉ (d'après L)

464 — Le Villageois entreprenant, par Germain et Patas. Épreuve à toutes marges.

MOREAU LE JEUNE (J. M.)

465 — *La Borde* (J. B. de) premier valet de chambre ordinaire du Roi, d'après Denon 1770 ; in-4, à toutes marges.

466 — *Papillon de La Ferté. — D. Pineau.* Deux portraits. Belles épreuves.

467 — David et Bethsabée, d'après Rembrandt. Belle épreuve.

MOREAU LE JEUNE (d'après J. M.)

468 — Couronnement de Voltaire, sur le Théâtre Français, le 30 Mars 1778, après la sixième représentation d'Irène, gravé par Ch. E. Gaucher. Belle épreuve avec les armes de la Marquise de Villette, marges.

469 — La même estampe. Belle épreuve du 2ᵉ tirage.

470 — Le Berger difficile, par Copia. Copie avec encadrement et tablette d'une vignette des *Chansons de Laborde.* Deux épreuves dont une avant la lettre, grandes marges.

471 — Déclaration de la grossesse, par P. A. Martini, avec A. P. D. R., très belle épreuve à toutes marges.

472 — Groupe tiré du superbe dessin de M. Moreau le Jeune, représentant la revue du Roi à la plaine des Sablons, par G. Malbeste. (M. 351 *bis*). Très belle épreuve avant la lettre, marges.

473 — Procession en l'honneur de la déesse Isis, par Giraud le Jeune. Très belle épreuve à l'eau-forte pure.

474 — La fermière. — Le retour du marché. Deux pièces à l'eau-forte. Rare.

MOREAU le jeune et VERNET (d'après)

475 — Frontispice in-4, Helvetiorum Trophea. — Le Pouvoir de l'Amour. — La Petite loge. — L'Accord parfait. — Promenade du matin. — Promenade du soir. Six pièces.

MOREAU (A.)

476 — Départ. Belle épreuve en couleur.

MULLER (J.-G.)

477 — La Tendre Mère. (Portrait de Madame Müller), d'après Tischbein, 1780. Belle épreuve.

NANTEUIL (Célestin)

478 — La Esmeralda, décor du 1er acte. (H. B. 49). Belle épreuve à toutes marges.

479 — La Jolie fille de la Garde, eau-forte in-folio. (H. B. 30). Deux épreuves dont une du 1er état avec la légende imprimée en rouge.

NANTEUIL (Robert)

480 — *Letellier* (Michel). — *La Motte Le Vayer.* — *Mazarin.* — *Nesmond* (Th. de). — *Payen-Deslandes.* Six portraits. Belles épreuves. Un est avant la lettre.

481 — *Scudéry* (Georges de), de l'Académie française. (R. D. 221). Très belle épreuve du 1er état.

NAPOLÉON (Estampes sur)

482 — *Napoléon Ier*, à cheval, entouré de son état-major ; in-folio. Épreuve avant la lettre, marges.

483 — Remise de Sa Majesté Marie-Louise, impératrice des Français et reine d'Italie, à M. le Prince de Neuchâtel, commissaire français, par M. le Prince de Trauttmansdorff, commissaire autrichien. Gravure à la manière noire publiée chez la veuve Chereau. Très belle épreuve.

484 — Arrivée de l'Empereur et de l'Impératrice au Palais des Tuileries. — Vue du feu d'artifice et de l'illumination sur la place de la Concorde. Deux pièces d'après Percier et Fontaine. Épreuves à l'eau-forte pure. Toutes marges.

485 — Revue du général Bonaparte, 1er Consul, an IX (1800). Dessiné par Isabey et Vernet, gravé par Pauquet et Mécou. Très belle épreuve avec marges et avec les deux cachets.

486 — Le Roi de Rome. — Le Duc de Reichstadt. Onze portraits ; deux sont avant la lettre.

487 — Naissance de Napoléon II, Roi de Rome, le 20 mars 1811 ; dessiné et gravé par Rousseau. Belle épreuve.

488 — Séance du Corps Législatif à l'Orangerie de St-Cloud le 18 brumaire an VIII. — Journée du Champ de Mai 1815. Trois pièces par Girardet et Descourtis.

489 — Caricatures sur Napoléon Ier. Onze pièces coloriées. Belles épreuves.

490 — Portraits. Caricatures. Imagerie populaire, etc. Quinze pièces en noir et coloriées.

491 — Portraits de Napoléon et de sa famille. — Pièces historiques. — Batailles. Cinquante pièces tirées de la galerie de Versailles. Épreuves à toutes marges.

492 — Frontispices avec portraits de Napoléon Ier. Quatre pièces par Palloy, Monnet et autres. Belles épreuves.

493 — Portraits de Napoléon Ier par Raffet, Charlet et autres. Douze pièces, deux sont avant la lettre.

494 — *Beauharnais* (Eugène de). — *Amélie de Barière*. Trois portraits par Carroni et Longhi. Épreuves avant la lettre.

495 — *Joseph Bonaparte*. — *Cambacérès*. — *Lebrun*. — *Duroc*. — *Bessières*. — *Baraguay d'Hiliers*. — *Spéroni* ; costumes de généraux. Treize pièces coloriées, publiées chez Jean, la plupart à toutes marges.

496 — Batailles et sujets historiques. Huit pièces, gravures et lithographies. 2 sont avant la lettre.

NATTIER (J M.). NONNOTTE (d'après)

497 — *Henriette* (Madame) de France par J. Tardieu. — Climène essaïant les flèches de l'amour, par Daullé. Deux pièces.

NAUDET

498 — Les maquerelles punies. Curieuse pièce gravée à l'eau-forte, marges.

NÉE

499 — La chambre du cœur de Voltaire d'après Duché. Très belle épreuve avant la lettre, marges.

NÉE et MASQUELIER

500 — Le déjeuné de Ferney, d'après Denon. Belle épreuve.

NORTHCOTE (d'après)

501 — Albert, Charlotte et Werther. — Werther contemplating on Charlotte's Wedding ring. — The Last interview of Werther and Charlotte. Trois pièces en bistre.

ORLÉANS (Ferd. Philippe duc d')

502 — Gulliver. 1830 (H. B. 13). Très belle épreuve sur papier de chine, à toutes marges, rare.

ORNEMENTS

503 — **Bertault** (P. G.). 2e suite de culs-de-lampe et fleurons, à l'usage des artistes. Suite de cinq feuilles. Belles épreuves.

504 — **Bertren.** Trophées nouveaux pour la peinture, sculpture et tous arts dépendant du dessin. Huit feuilles. Belles épreuves.

505 — **Bruyn** (Nic. de). Charlemagne. — Jules César. — — Godefroy de Bouillon, trois portraits dans des entourages ornés. Belles épreuves.

506 — **Bry** (Th. de), **Delaune. Sadeler.** Arc de Triomphe. — Colonnes. — Nielles et emblèmes. Quinze pièces.

507   **Cauvet, Salembier.** Frises et Arabesques. Huit pièces. Belles épreuves.

508 — **Cuvilliès** (Fr. de). Cartouches ornés d'arabesques, deux feuilles. Belles épreuves.

509 — **Cuvilliès** (Fr. de). Lambris. Suite de cinq feuilles. Très belles épreuves.

510 — **Cuvilliès** (Fr. de). Livre de cartouches réguliers ; cahier n° 3. — Livre de plafonds irréguliers ; cahier n° 17. Ensemble douze pièces, épreuves à toutes marges.

511 — **Cuvilliès** (Fr. de). Livre de développements de bordures de tableaux. Suite de un titre et cinq feuilles. Belles épreuves à toutes marges.

512 — **De la Fosse** (J. C.). Cahier de lampes, Encensoirs et cassolettes, G G. Suite de 6 feuilles. Belles épreuves à toutes marges.

513 — **De la Fosse** (J. C.). Siéges, calices. Cinq feuilles. Belles épreuves.

514 — **Delaune** (Et.). Nielles, frises, boitiers de montres, etc. Vingt-trois pièces.

515 — **Forty** (J. F.). Flambeaux et Girandoles des cahiers A et B. Treize pièces, cart. Belles épreuves, marges, deux sont avant toutes lettres.

516 — **Hoppfer** (Daniel). Cartouches, Fontaines, Frises, etc. Cinq pièces.

517 — **La Londe.** Premier cahier de Meubles et d'Ebénisteries. A. Suite de six feuilles. Belles épreuves, marges.

518 — **La Londe.** Quatrième cahier du livre d'Ameublements, D. Suite de six feuilles. Belles épreuves, grandes marges.

519 — **La Londe.** Quatrième cahier de Meubles et d'Ebénisteries. D A. Suite de six feuilles. Belles épreuves, marges.

520 — **La Londe.** Cinquième cahier d'Ameublements. E. Suite de six feuilles. Belles épreuves, grandes marges.

521 — **Le Pautre.** Nouveau livre de portes, 6 pièces. — Grilles, rampes, etc. 6 pièces. Ensemble douze feuilles, gravées par R. et J. Ottens. Belles épreuves, marges.

522 — **Le Roux** (J. B.). Nouveaux lambris de galeries, chambres et cabinets. *A Paris, chez Mariette.* Suite de six planches, cart. Belles épreuves, grandes marges.

523 — **Peyrotte.** Trophées avec attributs divers. Cahier de cinq feuilles gravées par M. T. Martinet. Belles épreuves, grandes marges.

524 — **Pineau.** Nouveaux dessins de plafonds inventés par Pineau et qui peuvent s'exécuter en sculpture et en peinture. Suite de six feuilles. Belles épreuves, marges.

525 — **Ranson.** Fleurs et vases, Trophées et lambris, Écrans. Quatorze pièces. Belles épreuves, la plupart avec grandes marges.

526 — **Salambier.** Cahier de frises. Suite de six feuilles. Belles épreuves à toutes marges.

527 — **Simonin** (Cl. et J.). Plusieurs pièces et autres ornements pour les Arquebuziers et les brisures démontée et remontée. Suite de un titre et six planches. Belles épreuves, petites marges.

528 — **Vico** (Enéas). Vases. Seize pièces.

529 — **Dessins.** Environ cinquante dessins par ou d'après J. B. Huet, D. Marot, Lebrun, Fragonard, Delafosse, Oppenort, etc., seront vendus par lots.

530 — Cartouches, meubles, lettres ornées, poêles, etc. Dix pièces par Meissonier, Deneufforge, Saint-Aubin et autres.

531 — Vases, motifs d'architecture, fleurs, cartouches, arabesques, attributs d'animaux, chiffres, lettres ornées, etc. Environ deux cent cinquante pièces, plusieurs lots.

PARELLE (d'après M A)

532 — A quelque chose malheur est bon. A la sanguine par F. Basset.

PATER (J. B.)

533 — Halte de soldats: pièce gravée à l'eau-forte. Belle épreuve.

PATER (d'après J. B.)

534 — L'Agréable société, par Filloeul. Belle épreuve, grandes marges.

535 — Les Aveux indiscrets — La Courtisane amoureuse — Le Glouton. Sujets tirés du Roman comique. Cinq pièces, une est avant la lettre.

536 — Le Cocu battu et content, par Filloeul. Belle épreuve, grandes marges.

537 — La danse, par Filloeul, 1738. Très belle épreuve.

PAULIS (J)

538 — The proposal, d'après G. H. Harlow. Belle épreuve en couleur, marges.

PELLETIER

539 — L'Inconstance punie. — Le marché de Tivoli. Deux pièces faisant pendants, d'après Pierre. Belles épreuves.

PERELLE

540 — Hôtel de Ville. — La Bastille. — Le Pont-Neuf. — Porte Saint-Antoine, etc. Douze pièces.

PETERS (d'après)

541 — The three Holy Children, par Renard et R. Girard. Belle épreuve en bistre, marges.

PIÈCES HISTORIQUES

542 — Catafalque de L. M. D'Aumont de Rochebaron, gravé par Gissey, d'après Le Pautre. — Décoration funèbre de la Chapelle de Condé dans l'Eglise de la maison professe des Jésuites de Paris, pour l'inhumation du cœur de L. duc de Bourbon, Prince de Condé, d'après Berain. Deux pièces. Belles épreuves.

543 — Meurtre de Henri IV, dit le Grand, Roy de France. — Elévation du feu d'artifice, tiré sur l'eau en face de la Place Louis XV, à l'occasion de la paix, publié le 21 Juin 1763. — Vue de la Salle du festin et du Bal, construite dans le Jardin de l'hôtel de Bouillon, pour servir à la fête donnée par les Ambassadeurs d'Espagne, au sujet de la naissance de Mgr le Dauphin. Trois pièces. Belles épreuves.

PIGAL

544 — Médailles ou contrastes. — Mœurs parisiennes. — Scènes populaires, etc. Quarante-trois pièces coloriées.

545 - Proverbes. - Scènes de Société. — Scènes populaires. — Mœurs Parisiennes. Quarante-deux pièces coloriées.

PLONSKI (M.)

546 — Griffonnis. Deux feuilles. Belles épreuves.

POLLARD (R)

547 — Boys playing at marbles — Boys playing at Peg top. Deux pendants à l'aquatinte, d'après R. M. Paye. Très belles épreuves.

POLLARD (d'après J.)

548 — The Royal Mails departure from the Général Post office. London, gravé par R. G. Reeves. Épreuve en couleur, marges.

549 — Le Relais dans la neige — Le Retard de la malle poste. Deux pièces par Himely. Grandes marges.

PORPORATI (C. A.)

550 — Tancrède combattant Clorinde, d'après Carle Vanloo. Belle épreuve avant la lettre, marges.

551 — Le Devoir Naturel, d'après Lavy. Belle épreuve, marges.

POTRELLE (J. L.)

552 — L'Arrivée — Le Départ — L'Attaque — Le Repos — Suite de quatre sujets d'Amours, d'après Fr. Gérard. Belles épreuves.

POULLEAU

553 — Vue du Panthéon, d'après Lequeu. Belle épreuve en bistre, à toutes marges.

PRUD'HON (d'après P. P)

554 — *Mayer* (Mlle). Lithographie, par Sirouy. In-8, trois épreuves sur papier de chine, avant la lettre, toutes marges.

555 — Choisir l'objet — L'Enflammer — En Jouir. Trois pièces, par Beisson et Copia. Marges.

556 — La Grotte, par Mlle Bleuze. Belle épreuve.

557 — Phrosine et Mélidor ; in-8, par Roger. Epreuve avant la lettre.

558 — Suite de un portrait d'après Degault, et cinq vignettes pour la *Nouvelle Héloïse*. Belles épreuves.

QUERARDT (Pierre).

559 — Carte de la France, avec le portrait de Henri IV, scènes historiques et costumes. Belle épreuve.

QUEVERDO (d'après)

560 — Les Amours du Boccage. — Le Feu. — La Musique. Trois pièces par Dambrun. Belles épreuves.

561 — Les Amusements de l'Hiver. — L'Eau. — Le Feu. — Nouvelle du bien-aimé; sujets galants et gracieux. Huit pièces.

562 — L'Occasion favorable, par Duhamel. Belle épreuve, grandes marges.

RAFFET (A.)

563 — L'Analyse de la Pensée. Belle épreuve sur papier de Chine.

564 — Portraits. — Sous-officier et soldat du Régiment de Volhynie. Six pièces. Belles épreuves.

RAFFET (par et d'après A.)

565 — Son portrait, lithographié par Aug. Bry. — *Demidoff* (Le Prince) assis, par Pollet. — *Demidoff* (Le Prince) debout. Trois pièces. Belles épreuves, deux sont avant la lettre.

RAJON

566 — Têtes de femmes et d'enfants. Quinze pièces, épreuves d'artiste.

REGNAULT (N. F.)

567 — Dors, dors.... Belle épreuve, marges.

REGNAULT (d'après N. F.)

568 — L'Epouse infidèle. — Le Jaloux en défaut. Deux pièces faisant pendants par Phelippeaux. Marges.

RÉVOLUTION (Pièces sur la)

569 — Prise de la Bastille, le 14 Juillet 1789. Eau-forte par Thévenin. Belle épreuve.

570 — Prise de la Bastille, gravure en bistre publiée chez Basset.

571 — The Frogs who wanted a King. Caricature sur Bailly et Lafayette. Belle épreuve tirée en bistre, rare.

572 — D'un tas de fumier, les Jacobins firent un Ministre de la Guerre ; gravé à la manière noire par Grave. Belle épreuve.

573 — Liberté. — Egalité. Quatre pièces d'après Moitte et Fragonard fils.

574 — La Bienfaisance. — L'Héroïsme français. — La Pudeur. Trois pièces en couleur d'après Boizot. Belles épreuves, marges.

575 — Assemblée nationale, par Ponce d'après Borel. — Offrandes faites à l'Assemblée nationale par les dames artistes, par Pelicier. Deux pièces dont une à l'eau-forte.

576 — Fête à l'Eternel. — Confédération nationale du 14 juillet 1790. — Vue du Champ de Mars le 14 juillet 1790. — Vue de la prestation du serment civique des Français, 14 juillet 1790. Quatre pièces, dont une coloriée.

577 — Cérémonie de la Confédération Nationale au Champ de Mars, le 14 juillet 1790. Belle épreuve coloriée.

578 — Vue de la Montagne élevée au Champ de la Réunion, an II de la République. Belle épreuve coloriée.

579 — La Contre-Révolution. — La Joyeuse sortie. Deux caricatures coloriées, grandes marges.

580 — Une femme de condition fouettée pour avoir craché sur le portrait de Mr Necker. — Une grande partie du peuple a été témoin du juste châtiment de l'Abbé insolent. — Comité des recherches du Clergé. — Au gagne-petit. Quatre caricatures coloriées.

581 — Présentation des hacquenées au Saint Père. — La France sous la figure d'une jeune fille vient de déchirer le voile qui cachait la Vérité. — La marque des Sots. —

— Opening the Ambassador's Ball in Paris. — Imperial Salute, or invitation to peace rejected. Cinq caricatures coloriées.

582 — Tableau des papiers et monnoyes. Grande planche coloriée.

583 — Législateur futur. — Chantons, célébrons la réunion des trois ordres. — Je ne crois rien ! — La devineuse patriotique. — Retour d'un émigré. — Retour de deux émigrants. — En reviendra-t-elle. Sept caricatures coloriées.

584 — Le nouvel homme gris. — Un monstre à trois têtes... — Trois têtes dans un bonnet. — Vive la liberté. — Les deux diables en fureur. Cinq caricatures coloriées.

585 — Tableau général de la Révolution française, terminé par celui de la paix. Gravé au trait par Normand, d'après Laffite.

586 — Combat de Saint-Vincente — Auzoni, capitaine des Grenadiers à cheval de la Garde Impériale, blessé à mort à la bataille d'Eylau — Victoire remportée par le Général Savary sur l'Armée Russe, à Ostrolenka — Bataille d'Aboukir — Les Adieux des deux Empereurs — Bataille d'Ohlau près Breslau — Combat de Dierstein. Sept pièces coloriées.

587 — *Beaulieu* — *Charlotte Corday* — *Mirabeau* — Assassinat de Marat. Quatre pièces, trois sont en couleur.

REYNOLDS (S. W.)

588 — *Beele* (Rev^d W^m). — *Ligonier* (Lord Viscount). — Protection. Trois pièces à la manière noire, d'après sir J. Reynolds.

589 — La Sainte Famille, d'après Westall. Très belle épreuve en couleur, grandes marges.

RIDÉ

590 — Calliope. — Clio. — Melpomène. Trois pièces d'après Boizot et Fortin. Belles épreuves, imprimées en bistre.

ROGER (B.)

591 — Jeune fille enlevée par l'Amour, d'après Fragonard fils. Belle épreuve, marges.

ROMANET

592 — Le Chanteur en foire, d'après Seekaz. Deux épreuves dont une à toutes marges.

ROUBILLAC

593 — Tête de jeune fille, d'après Moreau. Belle épreuve à la sanguine, marges.

ROWLANDSON (par ou d'après)

594 — Collège Pranks, or Crabbed Fellows taught to caper on the Slack Rope. — Odd Fellows from Downing street, complaining to John Bull. — Refinement of language. — St-Stephens fair. Quatre pièces coloriées.

595 — A Hitt. at Backgammon. — Odd Fellows from Downing street complaining to John Bull. — Procession of the God Company from St-Gilles's to billingsgate. Trois pièces coloriées.

596 — Dropsy courting consumption. — A Lump of innocence. — A Lump of Impertinence. — A Monkey Merchant. Quatre pièces coloriées.

SAINT-AUBIN (Aug de)

597 — *De Brosses* (Ch.), Comte de Tournay et de Montfalcon, d'après Cochin, in-4. Belle épreuve, grandes marges.

598 — Le Sabot. — La Sortie de Collège. Deux pièces.

SAINT-AUBIN (d'après Aug. de)

599 — Le Concert, par Duclos. Belle épreuve, petites marges.

600 — La Marchande de Châtaignes, par le Cher de P. Très belle épreuve, marges.

601 — Tableau des Portraits à la Mode, par P. F. Courtois. Belle épreuve, la marge du bas est coupée.

SAINT-AUBIN (d'après Gabriel de)

602 — Un Génie ailé découvrant un miroir, gr. par C. Mercier, 1766. Belle épreuve.

SAINT-NON (J. Cl. Richard de)

603 — Le Concert d'amateur. Eau-forte in-4. Très belle
épreuve avant toutes lettres, marges.

604 — La Danse Villageoise, d'après Bénard. 1755. Belle
épreuve avant la lettre.

605 — Fontaines, Paysages et Ruines. Quatre pièces d'après
Hubert-Robert. Belles épreuves, en bistre.

SAVRY (S.)

606 — Cortège de Marie de Médicis de Haarlem à Amsterdam
en 1638. Belle épreuve, sans marges.

SAYER (Publ. by R)

607 — Henry and Emma. Belle épreuve en couleur.

SCHALL (d'après)

608 — La Défaite. — La Conviction. Deux pièces faisant pendants, par G. Marchand. Belles épreuves.

SCHEFFER

609 — Clara Gazul (portrait de Prosper Mérimée en femme).
Lithographie in-8, d'après Delécluze. Épreuve à toutes
marges.

SCHENAU (d'après)

610 — La Dame bienfaisante. Belle épreuve.

611 — L'Amour fixé. — Le Fossé de scrupule. Deux pièces
faisant pendants, par Louise Gaillard. Épreuves à toutes
marges.

612 — Le Marchand de rogome, par Germain. — Optique
renommée, par Guttemberg. Deux pièces. Belles épreuves.

SCHENCK (P.)

613 — La Musique, d'après Netscher. Belle épreuve à la
manière noire, sans marges.

SCHINKER

614 — *Louis XVI — Marie-Antoinette.* Deux portraits faisant
pendants. Belles épreuves.

SCHUTZ (d'après)

615 — Jæger auf der Pursch-Fahrt. — Die Jæger vor dem Wirthshause. Deux lithographies in-folio faisant pendants. Belles épreuves.

SERGENT (d'après)

616 — Réduction de Paris. — Le vicomte de Turenne présenté au roi d'Espagne. Deux pièces en couleur par Roger.

SHELLEY. CREVE (d'après)

617 — Julie. — Peggy and Jenny. — The Fare-Well. — Youth. — Independence. — The Spell. — Sylvia. — Heath. — The captive. — Doris. — Stella. — Content. Douze pièces. Belles épreuves.

SICARDI (d'après)

618 — Oh, che fortuna! par Bonquet. Trois épreuves en différents états, dont une en bistre et une en couleur. Grandes marges.

619 — Pierrot fouillant dans la poche de son père. — L'Amour quettant des cœurs pour une chanteuse, etc. Quatre pièces par Mécou et Roger. Belles épreuves ; trois sont avant la lettre.

SILVESTRE (Israël)

620 — Veüe de la cour des Fontaines et du jardin de l'estan de Fontaine-Beleau. Belle épreuve.

621 — Vues du Luxembourg, des Tuileries et du Palais-Royal. Douze pièces.

622 — Vues des châteaux de Frémont, Chilly et Fresnes. Dix pièces.

623 — Vues de Charenton — Meudon — Richelieu — Valery. Dix pièces.

SIMON (J. P.)

624 — La jeune aveugle du Pont-Neuf, d'après Schall. Belle épreuve en couleur. Marges.

625 — Midsummer Nights dream Acte IV, scène 1 (Shakspeare), d'après Fuseli. In-folio. Belle épreuve.

— 55 —

SIMONNEAU (d'après)

626 — Il n'est plus temps, par Benossi. Belle épreuve.

SOMM (Henri)

627 — Calendrier de 1890. Épreuve avec esquisses à la main dans les marges.

SPOONER

628 — *Brunswick-Lunenburg* (Prince et Princesse de). Deux portraits in-8 à la manière noire. Belles épreuves.

SPORTS (Pièces sur les)

629 — Portraits de chevaux, lithographiés par A. Dubost, d'après les tableaux peints à Newmarket en 1807. Trois pièces.

630 — Traineaux et attelages russes. Cinq lithographies in-folio, par Delonsky.

631 — Chasse au Marais, par S. W. Reynolds, d'après H. Vernet.— Course. Lithographie de G. Engelmann, d'après Carle Vernet, 1817. Deux pièces.

632 — Chasses, courses, portraits de chevaux. Sept pièces anglaises, épreuves en noir et coloriées.

STOTHART (d'après T)

633 — The Pious Pastor, par S. Miller. Belle épreuve, marges.

634 — Going to school. — Coming from school. Deux pièces faisant pendants par Knight. Épreuves en bistre.

635 — Cecilia overhear'd by young Delville, par Nutter. — The Ballad seller, deux pièces.

SWEBACH (d'après)

636 — Le Haras. — Le marché aux chevaux, deux pendants par Allais, épreuves à toutes marges.

TARAVAL

637 — Vue de la place Neuve de Louis XV le Bien-Aimé, d'après Moreau, épreuve pliée.

TEXIER (G)

638 — L'arrivée du Roi de Prusse aux Champs Elisés et sa ré conciliation avec Voltaire par Henri IV. Belle épreuve.

639 — La même estampe. Belle épreuve avant la lettre, marges.

THEOLON (d'après)

640 — Invocation à l'amour, par C. Guttenberg. Belle épreuve.

TOUZÉ (d'après)

641 — L'arracheur de dents. Belle épreuve, petites marges.

642 — Zémire et Azor, par Voyez le jeune. Belle épreuve avant la lettre, marges.

TURNER (Ch)

643 — *Malibran* (Mme). Rôle de Desdemone, d'après Decaisne à la manière noire. Belle épreuve.

VANGELISTI

644 — Balance de Frédéric. Belle épreuve, marges.

VAN GORP (d'après)

645 — Ah ! le voilà, par N. Gérard. — Les douceurs de la Fraternité, par Gautier. Deux pièces.

VANLOO (d'après C)

646 — L'architecture. — La musique. — La peinture. — La sculpture. Suite de quatre pièces par Fessard.

647 — Bacha faisant peindre sa maitresse. — Les baigneuses. — Contrat de mariage. - Le Coucher. — L'Italienne. — Le Triomphe de Silène. Cinq pièces, par Lempereur, Lepicié et Porporati.

648 — Conversation Espagnole. — Lecture Espagnole. Deux pièces faisant pendant par J. Beauvarlet. Belles épreuves.

649 — La Lecture Espagnole par Beauvarlet. Belle épreuve avant toutes lettres, petites marges.

650 — Tancrède combattant Clorinde, par Porporati. Belle épreuve avant la lettre, à toutes marges.

VARIN (J.)

651 — Le Jeu d'amour, où l'on voit le Cours d'une passion Amoureuse. 1666. Pièce curieuse pour les jeux.

VENDRAMINI (Fr.)

652 — Melle Georges et Melle Bourgouin d'après Du Bois. Belle épreuve.

VERKOLIJE (J.)

653 — Une jeune femme vidant un vase par la fenêtre, un jeune homme lui présente du vin. A la manière noire d'après Ochtervelt. Belle épreuve.

VERNET (d'après Joseph)

654 — L'Orage. — Les Pêcheurs Italiens. — La pêche au clair de la lune. — Les plaisirs de l'Eté, etc. Dix pièces.

655 — Le Midi. — La pêche. — Tems Serein. — Maison de campagne des environs de Naples, — etc. Sept pièces.

656 — La tempête, Marines et ports de mer. Trois pièces par Balechou, une épreuve est avant la lettre.

VERNET et COCHIN (d'après)

657 — La pêche du Thon, par Cochin et Le Bas. Belle épreuve à l'eau-forte pure, marges.

VERNET (d'après Carle)

658 — Etudes de chevaux gravées à la manière noire par Levachez. Quatre pièces à toutes marges.

659 — Promenade au Haras, par Duplessis-Bertaux et Choffard. Belle épreuve, toutes marges.

VERNET (Carle). BOILLY (d'après)

660 — Les Grimaces. — Les Cris de Paris. Quinze pièces en noir et coloriées.

VERNET (d'après Horace)

661 — Incroyables et Merveilleuses, par Gatine. N°s 2, 4, 12, 14. Belles épreuves coloriées.

VINKELÉS (R.)

662 — Demeure de l'Indigence. — Rue Hollandaise. Deux pièces faisant pendants d'après Van der Groen et Waldorp. Belles épreuves, marges.

VISCHER (C.)

663 — Le Marchand de Chansons, d'après Covens et Mortier. Belle épreuve.

VLEUGHELS (d'après)

664 — Frère Luce, par de Larmessin, belle épreuve, marges.

VOGEL (B.)

665 — Madame la Marquise de Pompadour (?) en bergère ; à la manière noire. Belle épreuve.

WALTNER

666 — Têtes, d'après Greuze. — Juives d'Alger. — Portraits, d'après Hals. Dix eaux-fortes, dont six avant la lettre.

WATSON (Thomas)

667 — Eloïsa, d'après D. Gardner, 1775. Belle épreuve à la manière noire, marges.

WATTEAU (d'après Ant.)

668 — Son portrait, in-folio, gravé par Fr. Boucher ; très belle épreuve, grandes marges.

669 — Le même portrait. Belle épreuve, petites marges.

670 — Le Docteur Misubin, gravé par P. A. 1739, belle épreuve très rare.

671 — L'Amour paisible, par de Favannes. — Entretiens amoureux, par Liotard. Deux pièces remmargées.

672 — L'Amour au Théâtre Français. — L'Amour du Théâtre Italien. Deux pièces faisant pendants, par C. N. Cochin. Belles épreuves, une est remmargée.

673 — La Collation, par I. Moyreau. Belle épreuve.

674 — Comédiens Français, par J. M. Liotard. Belle épreuve.

675 — La Déesse Thvo-Chvu dans l'Isle d'Hainave. — Habillements des habitants de la province de Hou-Kouan à la Chine. Deux pièces faisant pendants, gravées par Aubert, marges.

676 — Départ des Comédiens Italiens en 1697, par L. Jacob. (70). Belle épreuve, marges.

677 — La même estampe. Belle épreuve.

678 — Détachement faisant halte, par C. Cochin. Très belle épreuve, marges.

679 — Escorte d'équipages, par L. Cars. Très belle épreuve.

680 — La Favorite de Flore, par J. Moyreau. Belle épreuve, grandes marges.

681 — Le Galant Jardinier, par J. de Favannes. Belle épreuve, marges.

682 — *Heureux Age ! Age d'or...* par Tardieu. Très belle épreuve, grandes marges.

683 — Le naufrage, par le Comte de Caylus. Belle épreuve.

684 — *Pour nous prouver que cette belle...* par L. Surugue. Belle épreuve, grandes marges.

685 — *Qu'ay-je fait assassins maudits...* par le Comte de Caylus et F. Joullain. Belle épreuve.

686 — Retour de Guinguette, par P. Chedel. Très belle épreuve, marges.

687 — La Signature du Contrat. Belle épreuve à l'état d'eauforte avancée, petites marges.

688 — Le Triomphe de Vénus, par P. Mercier, deux épreuves.

689 — *Voulez-vous triompher des Belles !...* par Thomassin. Belle épreuve, grandes marges.

690 — L'Abreuvoir. — La Lorgneuse. — Recrue allant joindre le régiment. — Spectacle français. — L'Hyver. — L'Automne. — La Revanche des paysans. Sept pièces.

691 — Figures Chinoises et Tartares, suite de douze pièces gravées par Jeaurat. Belles épreuves (manque le nº 10).

692 — Costumes et habillements, gravées par Thomassin et Huquier. Trente pièces. Belles épreuves.

693 — Têtes d'expressions, gravées par Filleul. Douze pièces. Belles épreuves.

WESTALL (d'après R.)

694 — English Peasants. — Irish Peasants ; deux pendants par Bortignoni. — Vénus et les Amours, par Ruotte. Trois pièces.

695 — Vénus and her doves, par E. Scriven. Belle épreuve, grandes marges.

WILLE (J. G.)

696 — Agar présentée à Abraham par Sara. — La cuisinière Hollandaise. — Maîtresse d'Ecole. — Petite Ecolière. — L'observateur distrait. Cinq pièces.

697 — Bons amis, d'après Ostade. — La Cuisinière Hollandaise, d'après G. Metzu. — L'observateur distrait, d'après Miéris. — Petite Ecolière, d'après Schenau. — Repos de la Vierge, d'après Dietricy. Cinq pièces. Belles épreuves.

698 — La devideuse, mère de G. Dow. — La liseuse. Deux pièces d'après G. Dow. Belles épreuves.

WILLE fils (P. A.)

699 — Petit Vaux-Hall. Belle épreuve.

WILLE fils (d'après P. A.)

700 — La mère indulgente, par Lempereur. Belle épreuve, marges.

701 — Tom Jones. Acte Ier, scène III, par Ingouf. Belle épreuve.

WILLER (d'après)

702 — La Confiance. — La Méfiance. Deux pièces par Seguin, épreuves à toutes marges.

WILLIAMS (R.)

703 — Rochester (Laurence Earle of), d'après Wysing. In-4, à la manière noire, belle épreuve.

WOCHER (Marg)

704 — Descente dans les glaciers des Alpes, 1789. Gravure
au trait, coloriée à l'aquarelle.

WOSSINIK (J. J.)

705 — Jeune femme de profil, la tête couverte d'un voile
(Mme Ritz ?) Deux épreuves avant la lettre imprimées en
couleur et à la sanguine, une est à toutes marges.

706 — Cinq portefeuilles, état de neuf.

PIÈCES ENCADRÉES

ALKEN (d'après)

707 — Saddling. — The Start. — After the Race. — The Race.
Quatre sujets coloriés sur la même feuille.

BENWELL (d'après)

708 — La Musique, par Levilly. Belle épreuve en couleur.
Marges.

BONNET (à Paris, chez)

709 — La Cage ouverte. — Le Chat au guet. Deux pièces
faisant pendants. Belles épreuves en couleur. Marges.

CARDON (Ant.)

710 — *Pitt* (The Right Honble William). In-4. Belle épreuve.

CARMONTELLE (d'après C. de)

711 — Vue pittoresque des deux pavillons Français à Orbetello,
gravé par Michault. Épreuve imprimée en bistre.

COLINET

712 — *Boufflers* (Caroline, Comtesse Amélie de). — Cécilia.
Deux pendants. Épreuves en couleur.

DAUMIER (Honoré)

713 — « Je suis sûr qu'il y a au moins dix degrés de froid ? ».
Dessin au crayon noir avec dédicace : A mon vieux cama-
rade Delannoy. H. Daumier. Cachet de collection.

DEBUCOURT (P. L.)

714 — *Alexandre 1er*. Belle épreuve en couleur. Marges.

715 — La Main. — La Rose. Deux pendants. Epreuves en
couleur d'une reproduction ancienne.

ECOLE ANGLAISE

716 — Jeune femme donnant de l'herbe et des fleurs à des
brebis. Belle épreuve en couleur.

FRAGONARD (d'après H.)

717 — La famille du fermier, par Romanet. Belle épreuve
avant la lettre. Marges.

718 — Les Hazards heureux de l'Escarpolette par N. de Launay.
Epreuve avant la dédicace. (Les marges de côté sont
coupées et le bas restauré).

719 — Le Verre d'eau, par N. Ponce. Belle épreuve.

GREUZE (d'après J. B)

720 — La Cruche cassée, par J. Massard. Très belle épreuve.

721 — La Laitière, par J. C. Levasseur. Très belle épreuve,
marges.

GUYOT

722 — Le Bon Exemple. Médaillon en couleur, cadre en bois
sculpté.

ISABEY (d'après).

723 — Planches pour le Sacre de Napoléon 1er. Trois pièces
avant la lettre, marges.

JANINET (Fr.)

724 — Projet d'un Palais de législature, d'après Florentin
Gilbert. Belle épreuve en couleur, marges.

725 — Le Repas des Moissonneurs — La Noce de Village. Deux pièces en couleur d'après Wille fils. Très belles épreuves sans marge. Beaux cadres en bois sculpté.

LANCRENON (d'après).

726 — Le Fleuve Scamandre, peinture sur porcelaine.

LAWRENCE (d'ap. Th.)

727 — *Pembroke* (La Comtesse de), née Comtesse Worouzow, in-8, par Facius. Belle épreuve sur papier de Chine.

LE PRINCE (J. B.)

728 — Les Cinq sens — Le Port — Vieillard à longue barbe. Sept pièces imprimées en bistre. Belles épreuves.

MALLET (d'après).

729 — Le Bouquet. Très belle épreuve en couleur, marges.

MANET (Edouard)

730 — Polichinelle, chromolithographie in-folio. Belle épreuve.

MORLAND (d'après G.)

731 — The Cottager's Wealth. — The Fleecy charge. Deux pièces par G. Keating et G. Shepheard. Belles épreuves en couleur.

MOUCHET (d'après)

732 — Les chagrins de l'Enfance, par Le Cœur. Belle épreuve en couleur, petites marges.

PRUDHON (d'après P. P.)

733 — La Liberté, par Copia. Belle épreuve avec marges.

RAPHAELLI (Jean François)

734 — Un orateur public. Beau dessin à l'encre de chine rehaussé de gouache, signé.

REGNAULT (N. F.)

735 — Dors, Dors.... — Ah ! s'il s'éveillait. Deux pendants. Belles épreuves, marges.

736 — Le Matin. — La Nuit. Deux pièces. Belles épreuves.

SAINT-AUBIN (Aug. de)

737 — Au moins soyez discret. — Comptez sur mes serments. Deux pièces faisant pendants. Belles épreuves, marges.

SICARDI (d'après)

738 — Oh! che Bocome. — Come la trovate. Deux pièces faisant pendants, gravées par Burke et Copia. Belles épreuves.

SPORT

739 — Courses anglaises. Deux pièces coloriées.

STRANGE (R.)

740 — Danaë d'après le Titien. Belle épreuve, marges.

TAUNAY (d'après)

741 — La Noce de Village, par Descourtis. Belle épreuve remmargée.

742 — La Noce de village. — La Foire de village. — La Rixe. — Le Tambourin. Suite de quatre pièces en couleur par Descourtis. Belles épreuves remmargées.

WATTEAU (d'après Ant.)

743 — L'accordée de Village, par N. de Larmessin. — La mariée de Village, par C. N. Cochin. Deux pièces faisant pendants. Très belles épreuves.

WILLE Fils (d'après P. A.)

744 — L'essai du corset, par Dennel. Belle épreuve avant la lettre. Grandes marges.

745 — Sous ce numéro il sera vendu par lots environ trente gravures, peintures et dessins anciens et modernes.

LIVRES ET RECUEILS

746 **Ambert** (Joachim). Esquisses historiques des différents corps qui composent l'Armée française, dessinées par Charles Aubry. In-folio, demi-rel. mar. rouge avec coins. (Mouillures). — 15

747 **Bellangé** (Hippolyte). Costumes de l'ex-Garde Impériale, suite de huit lithographies in-fol., cart. (Marges irrégulières, une planche est en double). — 19

748 **Blanc** (Charles), avec recherches et indications par J. G. D. Armengaud. — Histoire des peintres de toutes les Écoles. 2 vol. in-4, nombreuses illustrations, rel. chag. rouge, t. dor. — 13

749 **Bonington** (R. P.). A Series of subject from the works of the late R. P. Bonington. Drawn on Stone by J. D. Harding. London, *Pub. by J. Carpenter*, s. d., in-4, demi-rel. avec coins. Épreuves sur papier de chine. — 29

750 **Boucher** (L'Œuvre de François) reproduit par Émile Wattier d'après la gravure des dessins originaux. *Paris, Tronde, s. d.*, in-folio, demi-rel. *Cinquante planches à la sanguine.* — 25

751 **Burty** (Philippe) et **Maurice Tourneux**. L'âge du Romantisme. Célestin Nanteuil. — Camille Rogier. — Gérard de Nerval. *Paris, Ed. Monnier*, 1887. 39 livraisons, en nombres. — 6

752 **Calame** (A.). Paysages. Réunion de soixante-trois lithographies en deux albums in-folio, cart. — 13

753 **Caricatures sur la Commune.** Fleurs, fruits et légumes du jour; 16 pièces par Alfred le Petit. — Les Soldats de la République; titre et 31 pièces par Draner. — Souvenirs du siège de Paris; titre et 27 pièces par Draner. Ensemble soixante-quinze pièces coloriées, in-4, demi-rel. bas. — 3.50

754 **Carjat.** Galerie des Célébrités du Jour. *Paris, Arnauld de Vresse, s. d.*, in-4 cart. 18 portraits chargés. — 8.50

9.50 755 **Carnaval** (le) et marche burlesque du bœuf-gras. 24 dessins par MM. Seigneurgens et Achille Giroux, gravés par Porret. In-8 oblong, cart.

36 756 **Costume Parisien.** Journal des dames et des modes. Années 1824, 1825, 1827, 1828, 1829. 5 volumes br.

6 757 **Ferriol** (de). Recueil de cent Estampes qui représentent les différentes nations du Levant ; in-folio demi-rel. (Incomplet du titre et de la planche 49).

19 758 **Finden** (Edward). The beauties of Moore. 3 vol. in-4, rel.

4 759 **Fragonard** (d'après H.). Suite de cinquante-sept eaux-fortes de Martial pour : *Les Contes et Nouvelles de Lafontaine.* Paris, Rouquette, s. d., in-folio cart. Épreuves à l'eau-forte pure. (Portrait par T. de Mare ajouté).

30 760 **Fromentin** (Vingt-cinq dessins de Eugène), reproduits à l'eau-forte par E. L. Montefiore. Paris, 1877, in-folio. *Exemplaire sur papier Whatmann avec double suite.*

172 761 **Goya** (Francesco). Suite de trente-trois estampes, dessinées et gravées à l'eau-forte pour les : *Courses de Taureaux.* Belles épreuves anciennes, in-4 oblong, demi-rel. toile.

51 762 **Goya** (Francesco). Suite de quatre-vingts planches gravées à l'eau-forte dont le portrait de l'auteur pour : *les Caprices.* Petit in-4, cart.

3 763 **Hopwood.** Collection des Portraits des Français célèbres par leurs actions ou leurs écrits, gravés par les meilleurs artistes français et anglais, d'après des originaux authentiques et accompagnés de notices biographiques. *Paris, Lami-Donozan,* 1828, in-8, demi-rel.

9 764 **Horst** (Tieleman van der). Theatrum. Machinarum universale of Nieuwe Algemeene bouwkunde. *T' Amsterdam, by Petrus Schenck,* 1739, pet. in-folio, cart.

48 765 **Kleiner** (Salomon). Représentation exacte et naturelle de la *Favorite* de son Altesse Électorale de Mayence, en quatorze différentes vues et autant de plans sur les dessins du sieur Salomon Kleiner, ingénieur de la Cour Électorale, pris sur les lieux ; le tout gravé et mis en tailles-douces aux dépens et chez les héritiers de Jérémie Wolff. *A Augsbourg,* 1726, in-folio oblong, cart.

766 **La Fontaine** (Jean de). Fables. Réunion de cent cinquante-cinq figures d'après Oudry, Duplessis-Bertaux, Bansonnette et autres, gr. in-8, demi-rel. ch. rouge.   *8*

767 **Legrand d'Aussy**. Suite complète de dix-huit figures in-8 d'après J. M. Moreau le Jeune et A. Desenne, pour les *Fabliaux et Contes*. 1829, in-4 demi-rel. (Les épreuves sont avant la lettre sur papier de Chine).   *18*

768 **Le Maistre de Sacy**. L'Histoire d'Esther, traduite de la Sainte Bible, avec les illustrations de Bida. *Paris, Hachette*, 1882, en feuilles dans le portefeuille de publication. Édition sur papier vélin.   *78*

769 — Le même ouvrage. Édition sur papier de Chine.

770 **Le Maistre de Sacy**. L'Histoire de Joseph, traduite de la Sainte Bible, avec illustrations de Bida. *Paris, Hachette*, 1878, en feuilles dans le portefeuille de publication. Édition sur papier vélin.   *16*

771 **Le Pautre.** Les Œuvres d'architecture d'Anthoine Le Pautre, architecte ordinaire du Roy. *A Paris, chez Jombert*, s. *d.*, pet. in-folio, cart. n. rog.   *48*

772 **Lièvre** (Edouard). Musées et Collections. 1re et 2e séries. 2 vol. in-4, demi-rel. chag. rouge.   *10*

773 **Madou.** L'Armée belge. Suite de vingt-deux lithographies in-folio en largeur, demi-rel. bas.   *26*

774 **Madou.** Scènes de la Vie des Peintres de l'École Flamande et Hollandaise. *Paris, Aubert*, 1839, in-fol. cart. Épreuves sur papier de Chine.   *15*

775 **Martial** (A. P.). La Butte des Moulins, avec documents archéologiques et administratifs inédits par le Dr Moura. Eaux-fortes de A. P. Martial. *Paris, veuve Cadart*, 1877, pet. in-folio, demi-rel. chag. br. avec coins, t. d., n. r.   *15*

776 **Nadaud** (Gustave). Chansons choisies de Gustave Nadaud, illustrées par ses amis. *Paris, Ateliers de reproductions artistiques*, 1880, 3 vol. gr. in-4, demi-rel. mar. br. avec coins, t. d., n. r.   *33*

777 **Nadaud** (Gustave). Une Idylle, avec onze planches hors texte d'après les dessins de Albert Aublet. *Paris, Librairie des Bibliophiles*, 1883, gr. in-8 br.   *2*

40   778 **Neuville** (A. de). Vingt croquis militaires. *Paris, Goupil, s. d.,* in-folio en album.

12   779 — Le même ouvrage, épreuves sur papier de Chine, en album.

32   80 **Perrault** (Claude). Les hommes illustres qui ont paru en France pendant ce siècle, avec leurs portraits au naturel, par Mr Perrault de l'Académie Française. *Paris, Dezallier,* 1696. Deux tomes en un vol. in-folio, frontispice et portraits (rel. anc.). Les portraits d'Arnauld et de Pascal s'y trouvent.

70   781 **Portraits.** Les hommes illustres qui ont vécu dans le XVIIe siècle : Les principaux potentats, princes, Ambassadeurs et Plénipotentiaires qui ont assisté aux conférences de Munster et d'Osnabrug. Avec leurs armes et leurs devises, dessinez et peints au naturel par le fameux Anselme van Hulle peintre. *A Amsterdam, chez Pierre de Coup,* 1717. Titre, table et 131 portraits in-folio, demi-rel. veau.

48   782 **Prévost** (abbé). Histoire de Manon Lescaut et du chevalier des Grieux. *Paris, Magnier,* 1889, gr. in-8 en feuille, exemplaire sur papier de Hollande, tiré à 30 exemplaires (no 3) et avec 340 épreuves en différents états.

31   783 **Recueil** contenant cent cinquante-cinq pièces : menus, lettres d'invitation, frontispices, imagerie populaire, portraits, caricatures, dessins, etc. in-4 cart.

5.50   784 **Roger** (B.). Galerie de portraits des Rois, Reines et Princes de la Maison de Bourbon, depuis Henri IV jusqu'à nos jours. *Paris, Didot,* 1829, 32 portraits. — Louis XIV et ses amours, 6 portraits, (deux exemplaires), ensemble trois recueils cart.

8.50   785 **Theuriet** (André). La Vie rustique. Compositions et dessins de Léon Lhermitte. *Paris, Launette,* 1888, gr. in-8 br.

46   786 **Vincent.** Recueil d'Etudes, portraits, caricatures, dessinés à Rome de 1772 à 1774, in-folio, dem.-rel. maroq. Lav. avec coins. (54 dessins).

787 — Sous ce numéro, il sera vendu par lots environ quarante volumes ou recueils, journaux illustrés, modes et costumes, Atlas, etc, etc.

GRANDE IMPRIMERIE DU CENTRE. — HERBIN, MONTLUÇON.